Freizeit & Spaß

Kristiane Müller-Urban • Eberhard Urban

THÜRINGEN

SOCIETÄTS**VERLAG**

Die Angaben und Informationen in diesem Buch sind aktuell recherchiert und vor Drucklegung sorgfältig überprüft worden. Trotzdem ist darauf hinzuweisen, dass sich Telefonnummern, Öffnungszeiten und andere Angaben im Laufe der Zeit ändern können.

Die Bildsymbole bei den Informationen bedeuten

Verliebte genießen diesen Ort oder dieses Ereignis auf ihre eigene Weise.

Kinderfreundlichkeit ist garantiert, es gibt besondere Angebote speziell für Kinder.

Behindertengerecht sind fast alle Museen oder Einrichtungen; besondere Angebote sind so gekennzeichnet.

Bibliografische Information Der Deutschen Bibliothek
Die Deutsche Bibliothek verzeichnet diese Publikation in der Deutschen Nationalbibliografie; detaillierte bibliografische Daten sind im Internet über **http://dnb.ddb.de** abrufbar.

Alle Rechte vorbehalten • Societäts-Verlag
© 2002 Frankfurter Societäts-Druckerei GmbH
Nachdruck, auch auszugsweise, nur nach vorheriger schriftlicher Genehmigung des Verlages gestattet.
Umschlaggestaltung: Lohse Design, Büttelborn
Satz: Daniela Unterweger, Societäts-Verlag, Frankfurt
Druck und Verarbeitung: freiburger graphische betriebe
Printed in Germany 2002
ISBN 3-7973-0814-0

Inhalt

Vorwort 9

Eisenach, Gotha, Erfurt, Weimar, Jena

Quer durch Deutschlands grünes Herz 11
Fünf Städte und 1001 Möglichkeiten 12
Eisenach – Bummel durch die Luther-, Bach-, Goethe-, Wagner-Stadt 13
Eisenach – Sagenhaft und geschichtenreich – die Wartburg 17
Eisenach – Spaziergänge und Wanderungen 19
Eisenach – Automobilbaumuseum und Werrabahn 20
Gotha – Rundgang durch die Residenzstadt 22
Gotha – Die Museen in der Stadt 24
Gotha – Tierpark, Galopprennbahn, Sternwarte 26
Gotha-Waltershausen-Friedrichroda-Tabarz – Thüringerwaldbahn 28
Erfurt – Die Stadt zum Kennenlernen 30
Erfurt – Sehenswürdigkeiten von A bis Z – von Augustinerkloster bis Zum Sonneborn 33
Erfurt – Museen von A bis Z – von Angermuseum bis Zum Stockfisch 36
Erfurt – Natur von A bis Z – von Aquarium bis Zoopark 38
Erfurt – Einkaufen, ausgehen, feiern 40
Weimar – Kulturstadt Europas und Welterbe der Menschheit 43
Weimar – Auf den Spuren von Goethe und Schiller 44
Weimar – Klassische Sehenswürdigkeiten außerhalb der Innenstadt 50
Weimar – Kreuz und quer durch Geschichte, Kunst, Natur 51
Weimar – Bauhaus 54
Weimar – Gedenkstätte Buchenwald 56
Jena – Der Eindruck bleibt 57
Jena – Auf den Spuren der Klassiker 60
Jena – Naturwissenschaft, Technik, Jenaer Glas 62
Jena – Außerhalb der Stadtmauern 65

Thüringer Wald

Natur, Kultur, Technik, Sport 67
Rennsteig – auf den Höhen des Thüringer Waldes 68
Kittelsthal – Tropfsteinhöhle 69
Ruhla – mini-a-thür 70
Bad Salzungen – Keltenbad und Erlebnis Bergwerk Merkers 70

Wasungen – Garten, Burg, Märchenhöhle 72
Schmalkalden – Denkmäler der Reformation und der Technik 73
Trusetal und **Großer Inselsberg** – Zwergen-Park und Inselsberg-Express 76
Zella-Mehlis – Vom ganzjährigen Weihnachtsmarkt zum Meeresaquarium 78
Oberhof – Wintersport und Sommerspaß 80
Suhl – Waffen, Weltall, Wanderwege 83
Kühndorf – Kelten, Johanniter, Flieger 87
Meiningen – Die Theaterstadt 88
Meiningen – Nostalgie auf Schienen 92
Bauerbach – Der Schillerort 94
Kloster Veßra – Hennebergisches Museum 94
Hildburghausen – Dunkelgräfin und Meyers Lexikon 95
Römhild – Gleichberge und Glücksburg 97
Masserberg – Badespaß im Badehaus 98
Schleusingen – Schloss Bertholdsburg und Bergsee Ratscher 99
Sonneberg – Spielzeug und Aquarium 100
Lauscha-Ernstthal – Glaskunst, Sommerrodelbahn, Wintersport 101
Ilmenau – Auf Goethes Spuren 104
Gräfenroda – Gartenzwerg-Museum und Glasbläser-Studio 106

Arnstadt – Bachstadt, Puppenstadt, Eisenbahnstadt 108
Arnstadt – Die Drei Gleichen: Mühlburg, Burg Gleichen, Wachsenburg 110
Ohrdruf – Schloss Ehrenstein und Tobiashammer 111
Georgenthal – Lohmühlenmuseum und Hirzbergbahn 112

Thüringer Schiefergebirge und Saaleland

Burgen und Bäder, Stauseen und Flüsse 115
Neues entdecken, Altes wieder finden 116
Bad Berka/Hohenfelden – Mit Goethe durch das Bad im Grünen und Freilichtmuseum Hohenfelden 117
Stadtilm – Stadtgeschichte 119
Rottenbach – Klosterruine Paulinzella und Jagdschloss 120
Schwarzburg – Gold waschen und Schloss besuchen 121
Sitzendorf – Porzellan, Museum, Thüringer Küche 122
Oberweißbach – Fröbelmuseum, Kräuterseminare und Porzellankunst 123
Oberweißbach – Nostalgie auf Schienen 126

Bad Blankenburg –
Burg Greifenstein und Fröbel-Museum 127
Rudolstadt – Schloss Heidecksburg und Bauernhäuser 129
Uhlstädt – Floßfahrten und Schloss Kochberg 131
Saalfeld – Die Feengrotten 133
Saalfeld – Historischer Stadtrundgang, Allwetterrodelbahn und Hochseilgarten 134
Ranis – Burg, Ilsenhöhe, Stausee Hohenwarte 137
Burgk – Orgelmusik und Mittelalter 138
Schleiz – Schleizer Dreieck und barocke Bergkirche 140
Lobenstein, Lehesten, Wurzbach – Alter Turm und Technische Schaudenkmäler 141
Ziegenrück – Wasserkraftmuseum 143
Saalburg – Stausee, Märchenwald, Sommerrodelbahn 144
Pößneck – Stadtmuseum und Museumsbrauerei 146
Neustadt an der Orla – Naturlehrpfad, Bismarckturm und Heimatmuseum 147
Zeulenroda – Hawaii am Stausee 149

Thüringens Osten und Norden

Bäder und Bahnen, Höhlen und Bären 151
Historische Bahnen und moderne Bäder, Freizeitvergnügen über und unter Tage 152
Greiz – Oberes und Unteres Schloss 153
Gera – Jugendstiltheater und Schloss ohne Schloss 155
Gera – Naturkunde, Höhler, Gärten für Pflanzen und Tiere 156
Altenburg – Schloss und Skatmuseum, Lindenau-Museum 158
Altenburg – Futtern wie bei Luthern, Altenburger Bier, Likör und Käse 160
Haselbach – Mit der Kohlebahn durchs Altenburger Land 162
Eisenberg – Schlosskirche und Tierpark 163
Dornburg – Dornburger Schlösser 164
Apolda – Glocken, Textilien und Dobermänner 165
Bad Sulza – Wein, Saline und Toskana Therme 167
Wiehe – Modellbahn und Racing-Center 168
Kölleda – Kräutergarten und Funkwerk-Museum 169
Weißensee – Runneburg und Steinschleuder 170

Beichlingen – Schloss Beichlingen 171
Bad Frankenhausen – Kyffhäuser und Barbarossa 172
Bad Frankenhausen – Panorama Museum 174
Nordhausen – Kunsthaus Meyenburg, Tabakspeicher, Mittelbau-Dora 175
Nordhausen – Nostalgie auf Schienen und Kornbrennerei 176
Ilfeld – Rabensteiner Stollen 178
Sondershausen – Schlossmuseum und Erlebnisbergwerk 178
Worbis – Alternativer Bärenpark 180
Teistungen – Grenzlandmuseum 180
Heilbad Heiligenstadt – Literaturmuseum und Eisenbahnmuseum 181
Mühlhausen – Altstadt, Müntzer-Gedenkstätte, Bach-Orgel 182
Niederdorla – Opfermoor 184
Bad Langensalza – Rosengarten, Botanischer Garten und Therme 185
Bad Langensalza – Nationalpark Hainich 186
Creuzburg – Burg Creuzburg und wandern, paddeln, radeln 187

Thüringen-Service

Tipps für Touren und Aktivitäten 189
Ohne Auto mobil – der Umwelt zuliebe/ Tourismus-Adressen 190
Schifffahrt 191
Wandern und radwandern 193
Thüringen im Winter 195
Ferien auf dem Land 195
Ferienstraßen 195
Veranstaltungskalender 198
Bildnachweis 207

Vorwort

Deutschlands grünes Herz heißt Thüringen. Diesem Namen sind viele Adjektive zugeordnet. Wegen der Burgen und Schlösser, Parks und Gärten, der Märchen und Mythen: sagenhaft. Wegen der reichen Natur, in die es die Wanderer, Radfahrer, Reiter und Wasserwanderer zieht: wanderbar. Wegen der Städte mit ihrer Kunst und Kultur, ihren Märkten und Festen: stadtlich. Wegen der Brunnen und Bäder, die Gesundheit und Wellness spenden: sprudelnd. Wegen der Dichter und Denker, der Musiker und Maler: klassisch. Doch Thüringen ist kein Land nur der Vergangenheit und Geschichte, die hier lebendig sind, es ist ein Land, ebenso der Technik und dem Fortschritt verpflichtet. Und Thüringen ist ein gastfreundliches Land, das allen Ansprüchen gerecht wird. Freizeit und Spaß sind hier in Fülle und Vielfalt garantiert.

Das grüne Herz ist ein Land für alle Jahreszeiten. Im Winter, wenn es vom Schnee bedeckt ist, lädt es zu romantischen weißen Wanderungen und zum Wintersport ein. Thüringen hat ein Herz für Kinder, Senioren, Singles und Verliebten gibt es Raum zur reichen Entfaltung. Genießer werden mit den Köstlichkeiten der Thüringer Küche verwöhnt.

Mit diesem Buch, Freizeitführer und Heimatbuch zugleich, allen Thüringern und ihren Gästen und Freunden gewidmet, erschließen sich viele neue Möglichkeiten für Freizeit und Spaß. Allen, die mit Rat und Tat ihren Beitrag dazu geleistet haben, sei ein herzliches Dankeschön gesagt.

Autoren und Verlag

Eisenach, Gotha, Erfurt, Weimar, Jena

Quer durch Deutschlands grünes Herz

Die fünf Städte liegen längs der A4 und der Klassikerstraße, die als Ferienstraße dem Lauf der B7 folgt. Die Einheimischen und ihre Gäste wandeln auf den Spuren von Bach, Luther, Goethe, Schiller und anderen Klassikern. Reich sind die Zeugnisse von Geschichte und Kultur aneinander gereiht, Natur und Technik bieten ebenso eine Vielfalt von Möglichkeiten, die Freizeit zu genießen. Das Angebot reicht von Schlössern, Museen und Parks bis zum nostalgischen Ausflug auf Schienen und dem Blick ins weite Weltall. Jede Stadt ist ein eigenes Erlebnis und zugleich Ausgangsort von Wanderungen und Fahrten.

Fünf Städte und 1001 Möglichkeiten

Die Wartburg in Eisenach, Schloss Friedenstein in Gotha, St. Marien und St. Severin in Erfurt, die Goethestätten in Weimar und Jenaer Glas sind allen bekannt – ganz gleich, ob sie in Thüringen oder woanders zu Hause sind.

**Vorige Seiten:
Weimar, National-
theater und Goethe-
Schiller-Denkmal**

Aber die fünf Städte haben mehr zu bieten. Sehr viel mehr als die Einheimischen und ihre Gäste wissen und vermuten. Sie alle sind nun eingeladen, mit Hilfe dieses Buches Stätten und Ereignisse zu erleben, die Freizeit und Spaß garantieren. Schier unerschöpflich sind Fülle und Vielfalt des Angebots. Nicht nur den Freunden der Geschichte und der Klassik bietet sich ein weites Feld. Die Errungenschaften der Moderne sind zu bestaunen. Die Natur ist zu erleben. Eisenbahn- und Automobilnostalgiker frönen ihren Leidenschaften. Und selbstverständlich langweilen sich die Kinder nicht in diesen fünf Städten. Jede Stadt ist ein eigener Erlebnisraum.

HIGHLIGHTS IN DEN FÜNF STÄDTEN

Eisenach – Hohe Wartburg und tiefe Schluchtenk	13
Eisenach – Automobilbaumuseum und Werrabahn	20
Gotha – Zwei Schlösser und ein Kloster	22
Gotha – Mit der Thüringerwaldbahn unterwegs	28
Erfurt – St. Marien und St. Severin	30
Erfurt – Sehenswürdigkeiten von A bis Z	33
Weimar – Klassiker allüberall	43
Weimar – Gedenkstätte Buchenwald	56
Jena – Klassiker und Jenaer Glas	57
Jena – Orchideen und GalaxSea	65

Bummel durch die Luther-, Bach-, Goethe-, Wagner-Stadt

Eisenach ist „meine liebe Stadt", wie Luther sagte, und „die Gegend ist überherrlich", befand Goethe. Ein Stadtbummel beweist, dass beide Recht hatten. Wer vom Hauptbahnhof kommt oder in dessen Nähe das Auto parkt, die Bahnhofstraße entlang spaziert, kommt nach wenigen Minuten zum Nikolaitor. Es ist das letzte erhaltene Stadttor von einst fünf Toren und das älteste romanische Stadttor von Südthüringen. Daneben erhebt sich die Nikolaikirche, 1170/80 als dreischiffige Basilika erbaut; im Innern ist ein gotischer Schnitzaltar aus der Saalfelder Schule um 1520 zu bewundern.

Hinter dem Nikolaitor öffnet sich der Karlsplatz mit dem Lutherdenkmal. Vom Karlsplatz führt die Alexanderstraße weiter nach Westen, rechts zweigt die Querstraße ab, die zum Thüringer Landestheater führt. Über die Goethestraße und rechts die Wilhelm-Rinkens-Straße kommt man zum Ort, an dem einst die Synagoge stand. 1938 wurde sie niedergebrannt; ein Obelisk erinnert an diese Schandtat.

Ein anderes Theater nennt sich „freies eisenacher burgtheater", seine Spielstätte hat es in der Kultur-

Tourist-Information

Tourismus
Eisenach GmbH
Markt
99817 Eisenach
Tel.: 0 36 91/7 92 30
und 1 94 33
Fax: 0 36 91/79 23 20
E-mail:
tourist-info@
eisenach-tourist.de
www.eisenach-tourist.de

Stadtführungen

durch die Tourismus
Eisenach GmbH ab
Eisenach-Information,
Markt, Apr.–Okt.
tägl. 14 Uhr,
Nov.–März Sa. 14 Uhr,
Dauer 1,5–2 Stunden
▶ Preise
€ 3,–, Gruppen nach
Anmeldung: bis 30
Pers. € 55,–, bis 60
Pers. € 100,–, Schülergruppen € 50,–
Themenführungen
für Gruppen – Luther,
Bach, Hl. Elisabeth,
Goethe, Landgrafen,
historische Frauen,
Südstadt,
Eisenach sagenhaft,
Abendführung –
nach Anmeldung,
Dauer 1,5–2 Stunden
▶ Preise
bis 30 Pers. € 75,–,
bis 60 Pers. € 140,–

**Thüringer
Landestheater**

Eisenach Classic Card

berechtigt zur freien Fahrt auf allen innerstädtischen Linien der KVG, zum freien bzw. ermäßigten Eintritt in die Museen, verbilligt Stadtführung und Theaterkarten, bietet Vergünstigungen für ein Kind in Begleitung eines Inhabers der ECC; erhältlich bei der Eisenach-Information, der Informationsstelle der KVG, Bahnhofstr. 34, und in vielen Hotels.
Preis
€ 14,–

Thüringer Landestheater

Theaterplatz 4
99817 Eisenach
Theaterkasse
Tel.: 0 36 91/25 62 19
www.thueringer-landestheater.de

Kulturfabrik Alte Mälzerei

Palmental 1
99817 Eisenach
Tel.: 0 36 91/73 27 08
Fax: 0 36 91/61 25 23
Eintritt
€ 2,50
Führungen auf Anfrage

freies eisenacher burgtheater

Tel.: 0 36 91/73 27 07

Elisabethkirche

---

fabrik Alte Mälzerei, einer Kaffeerösterei von 1873, deren Maschinen und Anlagen noch funktionsfähig sind. Hier hat auch das Internationale Jazzarchiv seinen Sitz.

Die Straße zurück, die dann als Jakobstraße zum Jakobsplan führt. Hier steht eine Skulptur des Drachentöters Sankt Georg. Am Platz erstreckt sich das Bechtholdsheimsche Palais. Hier plauderte Goethe oft mit Julie von Bechtholdsheim, nannte sie „Seelchen".

Die Sophienstraße führt zur Elisabethkirche, die ab 1886 nach dem Vorbild der Marburger Elisabethkirche errichtet wurde. Die Henkelsgasse führt

von hier zum Stadtschloss, das von 1742 bis 1748 erbaut wurde. Dahinter öffnet sich der Marktplatz mit dem Marktbrunnen, über dem die goldglänzende Figur des Sankt Georg sich erhebt. Am Markt auch die Georgenkirche, in der 1221 Elisabeth mit Landgraf Ludwig IV. getraut wurde, in der Luther predigte und Johann Sebastian Bach getauft wurde.

Am Markt auch das Rathaus, das ursprünglich ein Weinkeller war und seit 1596 als Amtshaus dient. Nach dem Stadtbrand 1636 wurde es neu errichtet. Und die Tourist-Information befindet sich am Markt. Wer die „Eisenach Classic Card" noch nicht hat, sollte sie jetzt erwerben. Die Untere und die Obere Predigergasse führt vom Markt zur Predigerkirche von 1240, die Ausstellungen dient, vor allem der mittelalterlichen Kunst in Thüringen. In der Nachbarschaft ist das Dominikanerkloster zu sehen, das als Gymnasium dient.

Durch die Parkanlage des Alten Friedhofs von 1599 ist der Hellgrevenhof in der Georgenstraße zu erreichen. Im Hofbereich ist die Kemenate aus dem 12. Jahrhundert, der Sage nach die Herberge der Minnesänger des Sängerkrieges; heute hat die Stadtbibliothek hier ihre Räume. Die Annenkirche auf der anderen Straßenseite ist eine Gründung der Elisabeth von Thüringen aus dem Jahr 1226.

Zurück am Marktplatz, vorbei am Kreuznacher Haus/Residenzhaus, den Resten des einstigen Residenzschlosses, zum Lutherplatz. Hier steht das wohl älteste und schönste Fachwerkhaus Eisenachs. Es wurde um 1480 erbaut und soll Wohnung des Lateinschülers Luther gewesen sein. Es ist Gedenkstätte für Martin Luther (1483-1546) und Museum, zeigt die Austellung „Martin Luther neu entdecken".

Lutherhaus

■ **Georgenkirche**

Markt
99817 Eisenach
▶ Öffnungszeiten
Mo.–So. 10–12 Uhr,
14–16 Uhr
www.kirchenkreis-eisenach.de

■ **Predigerkirche**

Predigerplatz 2
99817 Eisenach
Tel.: 0 36 91/78 46 78
Mittelalterliche Kunst in Thüringen
▶ Öffnungszeiten
Di.–So. 9–17 Uhr
▶ Eintritt
Erwachsene € 2,60,
ermäßigt € 1,50,

■ **Lutherhaus**

Lutherplatz 8
99817 Eisenach
Tel.: 0 36 91/2 98 30
Fax: 0 36 91/29 83 31
www.lutherhaus-eisenach.de
▶ Öffnungszeiten
Apr.–Okt. Mo.–So.
9–17 Uhr, Nov.–März
Mo.–So. 10–17 Uhr
▶ Eintritt
Erwachsene € 2,50,
Schüler und
Studenten € 1,–,

■ **Gedenkstätte Goldener Löwe**

Marienstr. 57
99817 Eisenach
Tel. und Fax:
0 36 91/7 54 34
▶ Öffnungszeiten
Mo.–Fr. 9–16 Uhr,
Sa., So.
▶ Eintritt frei

Bachhaus

Frauenplan 21
99817 Eisenach
Tel.: 0 36 91/7 93 40
Fax: 0 36 91/79 34 24
www.bachhaus.de
Öffnungszeiten
Apr.–Sept.
Mo. 12–17.45 Uhr,
Di.–So. 9–17.45 Uhr;
Okt.–März
Mo. 13–16.45 Uhr,
Di.–So. 9–16.45 Uhr
Eintritt
Erwachsene € 2,50,
Ermäßigungen für
Schüler, Studenten,
Familien, Gruppen

Reuter-Villa

Reuter-Wagner-
Museum
Reuterweg 2
99817 Eisenach
Tel.: 0 36 91/74 32 93
Fax: 0 36 91/74 32 94
Öffnungszeiten
Di.–So. 10–17 Uhr

Reuter-Wagner-Museum

Die Lutherstraße führt zum Frauenplan, dem Platz, an dem einst die Kirche unserer lieben Frauen stand. Am Platz steht das Bachdenkmal und das Bachhaus, Gedenkstätte für Johann Sebastian Bach (1685–1750). Das Wirken der Musikerfamilie Bach wird hier dargestellt, eine Sammlung historischer Musikinstrumente gezeigt, Konzerte werden veranstaltet.

Vom Frauenplan über die Marienstraße ist die Gedenkstätte „Goldener Löwe" zu erreichen. In diesem ehemaligen Gasthof fand am 7. August 1869 der Gründungskongress der Sozialdemokratischen Arbeiterpartei Deutschlands statt. Die Ausstellung ist gewidmet „August Bebel 1840–1913. Ein Großer der deutschen Arbeiterbewegung" und zeigt „Eisenach zur Zeit des Kongresses".

Wenige Schritte weiter erhebt sich am Reuterweg die klassizistische Villa, die sich der niederdeutsche Dichter Fritz Reuter (1810–1874) als letzten Wohnsitz errichten ließ. Neben den Räumen Reuters ist die nach Bayreuth umfangreichste Sammlung zu Leben und Werk des Komponisten Richard Wagner (1813–1883) zu sehen. Von der Reuter-Villa ist es nicht mehr weit den Berg hinauf zur Wartburg.

Eisenach **17**

Sagenhaft und geschichtenreich – die Wartburg

Auf einem 410 Meter hohen Felsenberg thront die Wartburg über der Stadt. Die Sage weiß, dass Graf Ludwig 1067 beim Anblick des Berges ausgerufen habe: „Wart´, Berg, du sollst mir eine Burg werden!" Die Burg wurde zu einem Zentrum der hochmittelalterlichen Kunst und Literatur. Die Minnesänger Wolfram von Eschenbach und Walther von der Vogelweide lebten zeitweise hier, trafen sich 1207 mit anderen Dichtern zum Wettstreit, dem Sängerkrieg. Ereignis und Schauplatz finden in Richard Wagners Oper „Tannhäuser" ihre Darstellung.

Als vierjähriges Mädchen kam die ungarische Königstochter Elisabeth, 1207 geboren, auf die Wartburg und wurde mit dem zehnjährigen Ludwig, dem künftigen Landgrafen verlobt; 1221 heirateten sie. Die junge Landgräfin zeichnete sich durch Mildtätigkeit gegen die Armen aus – zum Missfallen des Hofes. Die Legende berichtet, als sie einst im Winter aus der Burg eilte, um den Armen Lebensmittel zu bringen, wurde sie von ihrem Gatten überrascht, der wissen wollte, was sie im Korb trüge. Als sie ihn öffnete, lagen Rosen darin. Nach dem Tod des Landgrafen auf dem Kreuzzug 1227 wurde sie samt ihrer Kinder von der Wartburg verjagt und gelangte nach Marburg, wo sie ein Spital stiftete und als Armen- und Krankenpflegerin sich bis zu ihrem frühen Tod 1231 aufopferte. Vier Jahre später wurde Elisabeth heilig gesprochen.

Einer, der die Heilige sehr verehrte, war der Reformator Luther. Als er bei der Rückkehr vom

■ **Wartburg**
Auf der Wartburg
99817 Eisenach
Tel.: 0 36 91/25 00
Fax: 0 36 91/20 33 42
E-mail: info@
wartburg-eisenach.de
www.wartburg-
eisenach.de
▶ **Öffnungszeiten**
Nov.–Febr. 9–17 Uhr,
März–Okt.
8.30–20 Uhr
▶ **Eintritt**
Palas, Museumsrundgang, Lutherstube, Führung € 6,–,
Museum und Lutherstube € 3,50,
Erwachsene € 3,–,
verschiedene
Ermäßigungen

Die Wartburg, seit 1999 Welterbe der UNESCO

Wormser Reichstag, wo er seinen Überzeugungen nicht abgeschworen hatte, in Gefahr war, verhaftet zu werden, gewährte ihm Kurfürst Friedrich der Weise auf der Wartburg Asyl, wo Luther am 4. Mai 1521 eintraf und zehn Monate hier als „Junker Jörg" verbrachte. In dieser Zeit verfasste er viele Schriften und übersetzte das Neue Testament aus dem Griechischen ins Deutsche.

Im Lauf der Zeit verfiel die große Anlage der Burg, die sich um zwei Höfe gruppiert. Von 1838 bis 1890 wurde die Wartburg renoviert und wieder aufgebaut. Moritz von Schwind schmückte 1854 bis 1855 die Burg mit spätromantischen Wandmalereien zum Sängerkrieg, zur Landgrafengeschichte und zur Elisabethsage.

Die von 1952 bis 1983 restaurierte Wartburg ist das Ziel unzähliger Besucher. Wanderer erreichen sie auf verschiedenen Wegen von der Stadt, Autofahrer über die Wartburgallee, parken dann 150 Meter unterhalb der Burg; ein Pendelbus bringt die Besucher gegen eine Gebühr hinauf.

Eisenach **19**

Spaziergänge und Wanderungen

Der Stadtpark, unweit des Karlsplatzes gelegen und über die Wartburgallee zu erreichen, lädt zum Spazieren ein. Südlich vom Park erhebt sich die 351 Meter hohe Göpelskuppe mit dem Burschenschaftsdenkmal von 1902, das an die Tradition der Burschenschaften erinnert, die in Eisenach 1817 beim Wartburgfest unter schwarz-rot-goldenen Fahnen die Einheit Deutschlands forderten, allerdings auch eine Bücherverbrennung durchführten.

Zwischen Wartburgallee und Waisenstraße erstreckt sich der Kartausgarten. Am Rand des Gartens gibt es eine Wandelhalle, im Garten ein frühklassizistisches Gärtnerhaus, in dessen Teezimmer französische Tapetenbilder aus der Zeit um 1830 die Geschichte von Amor und Psyche erzählen.

Südlich der Stadt und der Wartburg gibt es zwei berühmte Schluchten. Die Wege sind ausgeschildert. Die Wanderung durch die Landgrafschlucht beginnt am Prinzenteich, führt durch die tiefe Schlucht, zum 471 Meter hohen Drachenstein, zur Göpelskuppe mit dem Burschenschaftsdenkmal, zum „Berghof", Gaststätte und Hotel, über den Panoramaweg zum Prinzenteich. Dieser Weg ist 9 Kilometer lang.

Burschenschaftsdenkmal

An der Göpelskuppe 1
99817 Eisenach
Tel.: 0 36 91/2 26 60
Fax: 0 36 91/22 66 44
▶ Öffnungszeiten
Mo.–So. 10–18 Uhr
▶ Eintritt
Erwachsene € 2,–,
ermäßigt € 1,50

Teezimmer

im Gärtnerhaus
Waisenstr. 2
99817 Eisenach
Tel.: 0 36 91/67 06 76
▶ Öffnungszeiten
Do. und Sa. 14–17 Uhr
▶ Eintritt
Erwachsene € 1,–,
ermäßigt € 0,50

In der Drachenschlucht

> **FEIER-TIPPS**
>
> Typische Eisenacher Feste sind der Ostereiermarkt auf der Wartburg, der Sommergewinn mit Festzug im März, bei dem Frau Sunna den Winter besiegt, dann die Wartburg-Konzerte übers Jahr, das Hansjörgfest mit der Nacht der Mode im Mai, die Museumsnacht für Kinder auf der Wartburg ab Mitte Juni, im Oktober das Kartoffelfest

Die Drachenschlucht-Wanderer legen eine Strecke von 12 Kilometern zurück. Ausgangs- und Zielort ist wieder der Prinzenteich. Durch das Annatal und die Drachenschlucht führt der Weg zur Erhebung Hohe Sonne, 434 Meter hoch, zurück über die Veilchenberge mit ihren gelben Veilchen, zur Elfengrotte und der Sängerwiese mit dem „Waldhaus Sängerwiese" und Biergarten, zur Eisenacher Burg, den Resten von mittelalterlichen Wohntürmen und eines Bergfrieds auf 376 Meter Höhe.

Eisenach

Automobilbaumuseum und Werrabahn

Eisenach hat eine lange Tradition im Automobilbau – von den Wartburg-Wagen schon aus dem Jahr 1898 bis zum heutigen Opel-Werk. Die Automobile aus der Fahrzeugfabrik Eisenach erhielten ab 1904 den Markennamen Dixi. 1928 wurde die Marke von BMW erworben. Wartburg war die Modellbezeichnung für in Eisenach von 1898 bis 1904 produzierte Autos. Der Name wurde ab 1956 durch die volkseigene Autofabrik der DDR wieder verwendet. Die ganze Geschichte des Eisenacher Automobilbaus wird mittels vieler Fahrzeuge im Museum dargestellt.

Die Eisenbahnfreunde des Vereins Werrabahn haben bislang beachtliches geleistet. Drei Dampflokomotiven sind betriebsfähig – 52 8039, Baujahr

> **Automobilbahnmuseum**
> **Automobile Welt**
>
> Rennbahn 8
> 99817 Eisenach
> Tel.: 0 36 91/7 72 12
> Fax: 0 36 91/67 09 45
> (Kulturamt)
> E-mail:
> info@eisenach.de
> **Öffnungszeiten**
> Di.–So. 10–17 Uhr
> **Eintritt**
> Erwachsene € 2,10,
> ermäßigt € 1,–

1944, 52 8075, 1944, und 41 1144, Baujahr 1939 – und ziehen Züge durchs Thüringer Land. Zum Fahrzeugbestand gehören Diesellokomotiven, Reisezug- und Güterwagen. Das alles kann im ehemaligen Bw Eisenach besichtigt werden. Der Fahrplan umfasst Fahrten mit dem „Rodelblitz" von Eisenach über Oberhof nach Arnstadt, der „Rennsteigexpress" fährt von Eisenach nach Oberhof und zurück, der „Sommerexpress im Elstertal", Sonderzüge dampfen als „Rhöntropfen", für Kinder gibt es den „Osterhasenzug", und im Dezember heißt es zwischen Coburg und Lauschau „Funkenflug und Kugeln aus Glas".

IGE Werrabahn Eisenach e. V.

Postfach 1337
99803 Eisenach
Kontakt:
Peter Megges
Tel.: 01 71/9 02 83 54
Fax:
0 12 12/5 10 28 45 78
Fahrplan und Fahrpreise
E-mail:
info@ige-werrabahn-eisenach.de
www.ige-werrabahn-eisenach.de
▶ Besichtigung
Bw Eisenach
Eichrodter Weg,
Lokschuppen
99817 Eisenach
Termine
nach Absprache

Dampflok Baureihe 52

Rundgang durch die Residenzstadt

Gotha-Information

Hauptmarkt 2
99867 Gotha
Tel.: 0 36 21/22 21 38
Fax: 0 36 21/22 21 34
E-mail: tourist-info@gotha.de
www.gotha.de

Stadtführungen

über die Gotha-Information.
Öffentliche Stadtführungen
Mai–Okt. Mi. 11 Uhr,
Sa. 14 Uhr, Gruppen nach Vereinbarung
Preise
Erwachsene € 2,60,
Kinder € 1,25,
Gruppen bis 20 Pers. je € 31,–,
ab 21 Pers. je € 1,50
Führungen per Fahrrad nach Voranmeldung
Kombinierte Stadt- und Schlossführung
Dauer 3,5 Stunden
Preise
Gruppen bis 20 Pers. € 52,– plus Eintritt Schloss,
ab 21 Pers. je € 2,60

Herzog Ernst I., der Fromme genannt, aus dem Haus Sachsen-Weimar wählte die Stadt, die erstmals schriftlich als „villa gotaha" im Jahr 775 in einer Urkunde Karls des Großen erwähnt wurde, zur Residenz des durch Erbteilung neu entstandenen Herzogtums Sachsen-Gotha. Inmitten der Stadt ließ er auf dem 311 Meter hohen Schlossberg, auf den Trümmern der 1567 geschleiften Festung Grimmenstein, von 1643 bis 1654 ein Schloss in den Grundrissen von 100 mal 140 Metern erbauen. Es war der erste Neubau eines Schlosses nach dem Dreißigjährigen Krieg und erhielt den sinnreichen Namen Friedenstein.

Wer vom Hauptbahnhof kommt, an dem sich auch Parkplätze befinden, sieht das die Stadt überragende Schloss. Über die Bahnhofstraße wird die Parkallee erreicht, die nach links zum Schlosspark und zum Museum der Natur führt. Die Friedrichstraße ist nun die Fortsetzung der Bahnhofstraße, rechts erhebt sich Schloss Friedrichsthal, 1708 bis 1711 errichtet und heute eine Schule, links liegt die Orangerie; in einem Gebäude am Rand des Barockgartens ist die Stadtbibliothek „Heinrich Heine" zu finden. An der Friedrichstraße/Ekhofplatz steht das Gothaer Kulturhaus, Ort vielfältiger Veranstaltungen.

Über die Erfurter Straße geht es links in die Fußgängerzone und in die mit schmucken

Häusern geschmückte Altstadt. Am Neumarkt erhebt sich die Margarethenkirche, die ab 1494 auf den Grundmauern einer romanischen Basilika als gotische Hallenkirche erbaut und im 17. Jahrhundert barock umgestaltet wurde. Vom 60 Meter hohen Turm genießt man einen schönen Rundblick.

Hinter der Margarethenkirche befindet sich das Löfflerhaus mit dem Handwerkerhof, ein Ort der Ausstellungen, Veranstaltungen und Verkaufswerkstätten.

Die Marktstraße bringt die Stadtbummler zum Hauptmarkt mit der Gotha-Information und dem Rathaus, einem Renaissancebau, von 1567 bis 1574 errichtet. Wer will, besteigt den Rathausturm. Der Hauptmarkt zieht sich nach Süden, an der Ecke Lucas-Cranach-Straße steht das Lucas-Cranach-Haus. Der kursächsische Hofmaler (1472 oder später – 1553) hatte um 1512 die Gothaer Bürgermeisterstochter Barbara Brengbier geheiratet.

Die Augustinerstraße führt zum Klosterplatz mit dem Augustinerkloster aus dem 13. Jahrhundert, das später barockisiert wurde. In der Augustinerkirche predigten Luther und der Gothaer Reformator Friedrich Myconius.

Am Schlossberg, bevor es hinüber geht zum Schloss Friedenstein, ist ein Teil der Wasserkunst zu sehen, des künstlichen Wasserlaufs, der einst die Stadt mit Wasser versorgte.

■ **Gothaer Kulturhaus**

Ekhofplatz 3
99867 Gotha
Tel.: 0 36 21/40 66 70
Fax: 0 36 21/85 25 82

■ **Margarethenkirche**

Neumarkt
▶ Öffnungszeiten
Mo.–Fr. 10–16 Uhr

■ **Handwerkerhof Löfflerhaus**

Margarethenstr. 2–4
99867 Gotha
Tel.: 0 36 21/36 31 11
▶ Öffnungszeiten
Mo.–Fr. 10–18 Uhr,
Sa. 10–13 Uhr

■ **Rathausturm**

Hauptmarkt
▶ Öffnungszeiten
tägl. 11–16 Uhr
▶ Eintritt
€ 0,50

■ **Augustinerkirche und Augustinerkloster**

Klosterplatz
99867 Gotha
▶ Öffnungszeiten
Mo.–Fr. 10.30–17 Uhr,
Sa. 10–12 Uhr,
So. und Feiert.
14–16 Uhr

EINKEHR-TIPP

In der Nähe des Hauptmarkts befindet sich die 1. Gasthaus-Brauerei
König-Sahl
Am Brühl 5–7
99867 Gotha
Tel. und Fax: 0 36 21/85 25 06
Öffnungszeiten
Mo.-Sa. 17–1 Uhr, So. 11–18 Uhr

Die Museen in der Stadt

Schloss Friedenstein Schlossmuseum

Schloss Friedenstein
99867 Gotha
Tel.: 0 36 21/82 34 14
Fax: 0 36 21/85 26 69
www.gotha.de
Öffnungszeiten
Di.–So. 10-17 Uhr,
Nov.–Apr. 10-16 Uhr
Eintritt
Erwachsene € 4,–,
ermäßigt € 2,-

Vor dem imposanten Schloss Friedenstein mit seinen beiden mächtigen, ungleichen Türmen steht das Denkmal für den Bauherrn, den frommen Herzog Ernst I. Was der Herzog, seine Nachfolger und die folgenden nichtadeligen Generationen bis heute an Kunstschätzen gesammelt haben, ist im Innern des reich ausgestatteten Schlosses zu bewundern. Die Kunstsammlungen reichen von der altdeutschen und niederländischen Malerei – das berühmteste Bild ist das „Gothaer Liebespaar" aus der Zeit um 1483 – bis zur Kunst der Gegenwart. Skulpturen des Mittelalters und des Klassizismus, eine Antiken- und Ägyptensammlung, Ostasiatika, Kunsthandwerk, die Blätter des Kupferstichkabinetts und das Münzkabinett sind in den historischen Räumen zu sehen.

Das Gothaer Liebespaar

Im Westturm des Schlosses ist das Museum für Regionalgeschichte und Volkskunde zu besichtigen. Ein Besuch in diesem Museum gleicht einer Zeitreise durch 6000 Jahre.

Im Westturm ist auch das barocke Ekhof-Theater eingerichtet. Ab 1681 wurde der Ballsaal im Turm zum Comoedienhaus umgebaut und ist das älteste Theater Thüringens; die hölzerne Theatermaschine funktioniert immer noch. Hier wirkte Conrad Ekhof (1720–1778), der „Vater der deutschen Schauspielkunst".

Museum für Regionalgeschichte und Volkskunde

Tel.: 0 36 21/82 34 15
Öffnungszeiten
Di.–So. 10-17 Uhr,
Nov.–Apr. 10-16 Uhr
Eintritt
im Schlossmuseum
inbegriffen

Im Schloss sind auch das Staatsarchiv zu besichtigen und die Forschungsbibliothek; hier sind auch verschiedene Ausgaben des „Gotha" zu sehen, des Almanachs und Adelsverzeichnisses.

Wenige Schritte vom Schloss entfernt, im Park jenseits der Parkallee, steht der mächtige Bau des Museums der Natur, des größten Naturmuseums in Thüringen. Zu den ständigen Ausstellungen zählen: „Insekten – erfolgreichste Tiergruppe der Welt", „Artenschutz – eine Herausforderung der Menscheit", „Ursaurier zwischen Thüringer Wald und Rocky Mountains" ist eine Expedition in die Zeit vor 290 Millionen Jahren und zeigt Europas größte Sammlung Ursaurier in Spuren, Skeletten und Lebendrekonstruktionen.
Ein Spaziergang durch die Jahreszeiten ist die Ausstellung zum Sehen – Hören – Fühlen. Der Weg führt an Bäumen, Felsen, Böschungen vorbei, in einem Bergbach schwimmen Forellen, Vögel zwitschern, Tiere sind zu beobachten. Besonders Kinder erleben hier aufregende Abenteuer, und Anfassen ist erwünscht.

Die Gothaer Versicherungen zeigen in einem eigenen Museum die Geschichte der Assekuranz, Bilder und Berichte von bedeutenden Schadens-

■ **Ekhof-Theater**

„Ekhof-Festival" im Juli/Aug., Karten-Reservierung: Gotha-Information.
▶ Führungen
über Gotha-Information für Gruppen bis 20 Pers.
▶ Preis
je Pers. € 4,–
„Pfingst-Festival" in Schloss Friedenstein mit der Thüringen Philharmonie Gotha, „Museumsfest" Mai/Juni, „Barockfest" - Info und Karten: Gotha-Information

■ **Staatsarchiv**

kostenlose Führungen Mi. 14.30 Uhr

■ **Forschungsbibliothek Gotha**

Tel.: 0 36 21/3 08 00
Fax: 0 36 21/30 80 38
▶ Öffnungszeiten
Mo. 13–17 Uhr,
Di.–Do. 9–17 Uhr,
Fr. 10–19 Uhr
Gruppenführungen nach Vereinbarung mit der Gotha-Information

■ **Museum der Natur**

Parkallee 15
99867 Gotha
Tel.: 0 36 21/82 30 10
Fax: 0 36 21/82 30 20
▶ Öffnungszeiten
Di.–So. 10–17 Uhr,
Nov.–Apr. bis 16 Uhr
▶ Eintrittspreise
Erwachsene € 2,–,
ermäßigt € 1,–

Gothaer Haus der Versicherungsgeschichte

Bahnhofstr. 3a
99867 Gotha
Tel.: 0 36 21/3 67 03
Öffnungszeiten
nach Vereinbarung

Gothaer Tivoli

Förderverein Gothaer
Tivoli e. V.
Am Tivoli 3
99867 Gotha
Tel.: 0 36 21/70 41 27

ereignissen; die Ausstellung wird ergänzt durch ein Archiv und eine Bibliothek.

Am Tivoli, wenige Schritte von der Parkallee entfernt, steht das „Tivoli", 1845 als Gasthaus erbaut. Hier trafen sich die Arbeiter, hier hielt August Bebel 1865 eine Rede. Nachdem 1869 in Eisenach die Sozialdemokratische Arbeiterpartei gegründet worden war, vereinten sich im Gothaer Tivoli vom 22. bis 27. Mai 1875 die Lassalleaner des Allgemeinen Deutschen Arbeitervereins mit den Eisenachern der SDAP zur Sozialistischen Arbeiterpartei Deutschlands, der späteren SPD. Das Tivoli ist heute Gedenkstätte, Informations-, Begegnungs- und Veranstaltungszentrum.

Gotha

Tierpark, Galopprennbahn, Sternwarte

Die Umgebung der Stadt lädt ein zum Wandern und Radeln. Im Nordwesten erhebt sich der 430 Meter hohe Kranberg, im Südosten das Naturschutzgebiet Kleiner Seeberg. Hier ist auch der Tierpark, mit dem Auto auf der B 247, der Ohrdrufer Straße zu erreichen. Bus und Straßenbahn führen auch hierher.

Die weitläufigen Anlagen des Tierparks geben etwa 700 Tieren, meist in Tiergesellschaften, von rund 150 Arten Raum – in naturnaher Umgebung. Der Tierpark beteiligt sich an internationalen Erhaltungszuchtprogrammen für den Sibirischen Tiger, das Wisent, den Alpensteinbock und den Uhu. Ein Naturlehrpfad informiert über Natur- und Umweltschutz. Für Kinder besonders attraktiv sind Haflingerreiten, Führungen und Vorträge, das Streichelgehege, der Abenteuerspielplatz und das Kinderfest.

Die Galoprennbahn Boxberg im Südwesten der Stadt, A 4 Ausfahrt Gotha-Boxberg, zählt mit ihrer 2900 Meter langen Strecke zu den längsten Rennbahnen Deutschlands. Eine Sehenswürdigkeit nicht nur für Freunde des Pferdesports ist die große Jugendstil-Holztribüne.

Tiere bevölkern auch den Himmel: Großer und Kleiner Bär, Löwe, Steinbock, Fische, Krebs, Widder, Stier, Skorpion. Wer diese und andere Sterne und Sternzeichen näher sehen will, wer sich über die Sterne und den Weltraum informieren will, besucht die Rohrbachsche Sternwarte.

Tierpark Gotha

Töpfleber Weg
99867 Gotha
Tel.: 0 36 21/70 77 31
▶ Öffnungszeiten
Mo.–So. Sommer
9–18 Uhr, Winter
9–16 Uhr, Übergangszeiten 9–17 Uhr
▶ Eintritt
Erwachsene € 2,50,
ermäßigt € 1,–

Galoprennbahn

Gotha-Boxberg
99880 Gospiteroda
Tel. 0 36 21/30 13 91

Rohrbachsche Sternwarte

Gralbergweg 12
99867 Gotha
Tel. 0 36 21/85 64 20
▶ Öffnungszeiten
Do.–12–16 Uhr, 1. und letzter Sa. im Monat 13–17 Uhr
▶ Eintritt
Erwachsene € 1,20,
ermäßigt € 0,60

FEIER-TIPPS

Gothardus-Fest am 1. Mai-Wochenende zu Ehren des Stadtpatrons mit Handwerkermarkt, Veranstaltungen, Festumzug. Ostermarkt und Herbstmarkt mit Metallgestaltertreffen. Weihnachtsmarkt.

Im Tierpark Gotha

Thüringerwaldbahn

Thüringerwaldbahn
und Straßenbahn
Gotha GmbH
Waltershäuser Str. 98
99867 Gotha
Tel.: 0 36 21/43 10
Fax: 0 36 21/43 11 11
E-mail: info@
waldbahn-gotha.de
www.waldbahn-
gotha.de
Fahrplan- und
Tarifauskunft
und Anmeldung von
Gruppenfahrten –
auch mit dem histori-
schen Zug von 1929
Tel.: 0 36 21/43 11 16
Touristenticket
auch für Einheimi-
sche: 1 Tag beliebige
Fahrten mit der Thü-
ringer Waldbahn und
ermäßigter Eintritt zu
vielen Attraktionen,
erhältlich bei Gotha-
Information, Vorver-
kaufsstellen und beim
Triebwagenführer,
Erwachsene € 5,90,
ermäßigt € 3,90

Stadtinformation

Markt 1
99880 Waltershausen
Tel.: 0 36 22/63 01 48
Fax: 0 36 22/63 02 51
und 90 25 55

Heimatmuseum

Schloss Tenneberg
99880 Waltershausen
Tel.: 0 36 22/6 91 70
Öffnungszeiten
Mai–Okt. Di.–So.
9–16 Uhr, Nov.–Apr.
Mi.–So. 9–16 Uhr
Eintritt
Erwachsene € 2,50,
ermäßigt ab € 1,–

Seit 1894 verkehrt die Straßenbahn in Gotha, seit 1929 fährt eine Straßenbahn auf der 27,1 Kilometer langen Strecke nach Tabarz in den Thüringer Wald. Das ist die Linie 4 Thüringerwaldbahn.

Die Fahrt, nicht nur für Schienen-Nostalgiker ein Erlebnis, beginnt am Hauptbahnhof Gotha, führt an der Altstadt mit ihren Sehenswürdigkeiten

vorbei. Nach den Haltestellen Wagenhalle und Sundhausen bleibt die Stadt zurück. Der Große Inselsberg rückt ins Blickfeld. Wer an der Haltestelle Boxberg aussteigt, wandert zur Galopprennbahn oder zum Gasthof „Thüringer Waldblick". Die Bahn fährt weiter, nach den Haltestellen Leina und Wahlwinkel wird das Gleisdreieck erreicht. Hier zweigt die 2,4 Kilometer lange Strecke zum Bahnhof Waltershausen ab, die im Pendelverkehr befahren wird.

Unweit des Gleisdreiecks gibt es ein Erlebnis-Freibad, nebenan ein Freizeitzentrum mit Kunsteisbahn und anderen Sportstätten. Über Waltershausen thront auf dem Burgberg Schloss Tenneberg, das durch Umbauten im 17. Jahrhundert seine endgültige Gestalt erhielt. In den Räumen der mächtigen Anlage zeigt das Heimatmuseum auch Puppen und Spielzeug aus heimischer Produktion und aus aller Welt.

Die Hauptstrecke führt weiter nach Waltershausen-Schnepfenthal und ins Tal des Badewassers zu den Reinhardsbrunner Teichen, in denen schon die Mönche des Klosters Reinhardsbrunn Fischzucht betrieben. Die Forellen von hier sind bei den Feinschmeckern beliebt. Auf dem Gondelteich können Kahnfahrten unternommen werden. Nicht weit von der Haltestelle Reinhardsbrunn Bahnhof sind Park und Schloss Reinhardsbrunn und die noch vorhandenen Anlagen des Klosters zu besichtigen.

Nach der Haltestelle Friedrichroda, Ausgangspunkt für viele Wanderungen, kommt die Haltestelle Marienglashöhle. Hier lädt das Schaubergwerk mit seiner Kristallgrotte und dem Höhlensee zur Besichtigung und zum Staunen ein.

Nach 60 Minuten Fahrtzeit ist der Kneippkurort Tabarz erreicht. Wanderwege führen in den schönen Thüringer Wald

Kur und Tourismus GmbH

Marktstr. 13–15
99894 Friedrichroda
Tel.: 0 36 23/3 32 00
Fax: 0 36 23/33 20 29
E-mail: friedrichroda.kur@t-online.de
www.friedrichroda.de

Marienglashöhle

99894 Friedrichroda
Tel. und Fax:
0 36 23/30 49 53
▶ Öffnungszeiten
Apr.–Okt.
tägl. 9–17 Uhr,
Nov.–März 9–16 Uhr
▶ Eintritt
Erwachsene € 4,–,
ermäßigt ab € 1,75
▶ Führungen
für Gruppen, auch der Ausschank einer Feuerzangenbowle unter Tage, nach Voranmeldung

Kurgesellschaft Tabarz mbH

Zimmerbergstr. 4
99891 Tabarz
Tel.: 03 62 59/56 00
Fax: 03 62 59/5 60 18
E-mail:
tabarz.tourismus@t-online.de
www.tabarz.de

Im Kur- und Familienbad Tabbs

Kur- und Familienbad Tabbs

Schwimmbadweg 10
99891 Tabarz
Tel.: 03 62 59/67 30
Öffnungszeiten
So.–Do. 10–22 Uhr,
Fr. und Sa. 10–23 Uhr
Eintritt
verschiedene Stunden-Tarife
Kombi Ticket
Thüringerwaldbahn und Tabbs, preiswerte Hin- und Rückfahrt mit der Bahn 4 Stunden Badespaß, beim Fahrer der Linie 4 erhältlich

Tourismus Gesellschaft Erfurt

und Tourist Information
Benediktsplatz 1
99084 Erfurt
Tel.: 03 61/6 64 00
Fax: 03 61/6 64 02 90
E-mail: service@erfurt-tourist-info.de
www.erfurt-tourist-info.de

Pauschalangebote

der Tourismus Gesellschaft Erfurt
DZ ab € 81,–,
EZ je Pers. ab € 66

und auf den nahegelegenen Inselsberg. Den Tabarzer Bäderspaß gibt es im Kur- und Familienbad Tabbs mit Erlebnisbecken, Außenschwimmbecken, Kinderbecken, Großrutschenanlage, Sportbecken, Saunalandschaft und Solarien.

Erfurt

Die Stadt zum Kennenlernen

Die Landeshauptstadt, über die A 4 und die B 7, die Klassikerstraße, per Bahn oder Flugzeug leicht zu erreichen, macht seinen Gästen verführerische Angebote zum Kennenlernen der größten Stadt Thüringens und ihrer Sehenswürdigkeiten und Erlebnismöglichkeiten. Die preiswerten Pauschalangebote der Tourismus Gesellschaft Erfurt reichen vom Miniurlaub „für Preisbewusste" über das „Happy Weekend" zu thematischen Aufenthalten wie zum Beispiel „Stadt der Blumen und des Gartenbaus", „Auf Luthers Spuren", „Domstufenfestspiele", „Weihnachtliches Erfurt". Diese und andere

Dom und St. Severi

Angebote mit zwei Übernachtungen mit Frühstück und verschiedenen interessanten Extras werden ergänzt durch günstige Pauschalangebote für Gruppen ab 10 Personen wie „Auf Bach´schen Spuren durch die Stadt", „Auf Goethes Spuren im thüringischen Rom", „Erlebnis Mittelalter".

Dass Erfurt ein Herz für Kinder hat, zeigt sich auch in den ihnen zugedachten Führungen. Mit historischen Persönlichkeiten von Martin Luther bis Till Eulenspiegel geht es durch die Stadt; Erwachsene dürfen mit. Neben anderen Kinderführungen ist der Besuch in der Rechenschule und das mittelalterliche Rechnen besonders beliebt.

Kinder kennen und lieben KI.KA, den Kinderkanal von ARD und ZDF. Und sie haben die Möglichkeit, das Studio und den Sender zu besuchen. Höhepunkt des Besuchs ist die Mitwirkung an der Sendung „Kikania."

Citadelle Petersberg

■ **Stadtführungen**
der Tourismus Gesellschaft Erfurt
Treffpunkt Tourist Information

■ **„Erfurt – die Faszination einer historischen Stadt",**
Apr.–Dez. Mo.–Fr. 13 Uhr, Sa. und So. 11 und 13 Uhr
▶ Preis
je Pers. € 4,50, ermäßigt € 2,50

■ **„Romantischer Abendspaziergang mit dem Erfurter Nachtwächter",**
Apr.–Okt. Fr. und Sa. 21 Uhr
▶ Preis
je Pers. € 5,50, ermäßigt € 3,–

■ **„Aufstieg zur Citadelle Petersberg – Geheimnisvolle Wege durch die Unterwelt einer alten Festung",**
Apr.–Okt. Do.–So. 14 Uhr, Nov.–März Sa. 14 Uhr
▶ Preis
je Pers. € 4,50, ermäßigt € 2,50

■ **„Fackelführung durch die Kasematten und Minengänge der Citadelle",**
Mai–Okt. Fr. und Sa. 19 Uhr
▶ Preis
je Pers. € 5,50, ermäßigt € 3,–
Gruppenführungen nach Vereinbarung
▶ Preis
ab € 72,–

„Stadtführungen mit historischen Persönlichkeiten",
nach Voranmeldung
Preis
je Gruppe € 90,–,
Kinder-, Jugend- und Schülergruppen je Pers. € 3,–

„1 plus 1 macht 2 nach Adam Ries",
nach Voranmeldung
Preis
je Kind € 2,–

„Erfurt erfahren",
nach Voranmeldung
Preis
je Pers. ab € 18,– einschließl. Bus

„Fiakerfahrten"
ab Domplatz, Sa. und So. 10–16 Uhr,
Dauer 30 Min.
Preis
€ 23,–

„Erfurt-Tour mit der historischen Straßenbahn",
Haltestelle Domplatz
Abfahrt
Apr. Sa. und So. 11 und 14 Uhr; Mai-Okt. Mi.–So. 14 Uhr, Sa. und So. zusätzl. 11 Uhr; Nov. Sa. und So. 11 und 14 Uhr; Dez. bis 4. Advent Mi.–So. 14 Uhr, Sa. und So. zusätzl. 11 Uhr,
Voranmeldung bei der Tourismus Gesellschaft Erfurt ist zu empfehlen
Fahrpreis
Erwachsene € 10,–, ermäßigt € 6,50, Gruppen je Pers. € 8,50

Vor allem für mobilitätseingeschränkte Personen werden Stadtführungen mit dem Kleinbus durchgeführt, um Erfurt zu „erfahren".

Romantisch und nostalgisch geht es zu bei den Fiakerfahrten und der Tour mit der historischen Straßenbahn. Die Pferdekutschen warten am Domplatz auf Fahrgäste. Die Erfurter Verkehrsbetriebe AG haben einige historische Fahrzeuge, den Wagen 92 aus dem Jahr 1938, den Gelenkwagen 178 von 1975, den Beiwagen 274 und den Triebwagen 3 aus den 60er Jahren. Bei Stadtführungen werden die Wagen eingesetzt, wenn Plätze frei sein sollten, können nicht angemeldete Fahrgäste zusteigen.

KI.KA

Gothaer Str. 36
99094 Erfurt
Besuch nach Voranmeldung für Gruppen
20–40 Kinder der Klassenstufen 4–6
Information und Buchung:

Archelino
Kinderreisen und Events
Große Arche 7
99084 Erfurt
Tel.: 03 61/24 09 30 31
Fax: 03 61/24 09 30 32
www.archelino.de
www.kika.de

Erfurt

Sehenswürdigkeiten von A bis Z – von Augustinerkloster bis Zum Sonneborn

Die beiden Kirchen auf dem Domhügel beherrschen das Stadtbild. Wer auf dem Domplatz steht, sieht links den Dom St. Marien, rechts St. Severi. 70 Stufen der großen Freitreppe, „Graden" geheißen, führen vom Domplatz hinauf.

Als Nachfolgebau der Bischofskirche, deren Bau Bonifatius 742 veranlasst hatte, wurde 1253 eine spätromanische Basilika eingeweiht, von der noch die unteren Geschosse der Türme erhalten sind. Der Chor wurde im 14. Jahrhundert als hochgotischer Bau errichtet. Nach dem Einsturz des Langhauses 1452 wurde der spätgotische Neubau 1465 vollendet. Das Gebäude ist eines der größten mittelalterlichen Bauwerke in Deutschland. Im mittleren Turm ist die größte freischwingende mittelalterliche Glocke der Welt zu sehen: die 2,5 Meter hohe „Gloriosa", die 1497 gegossen wurde.

Severus aus Ravenna machte eine Karriere vom Wollweber zum Bischof und starb im Jahr 348. Seine Gebeine gingen auf Reise, gelangten nach Pavia, Mainz, schließlich nach Erfurt. Der Sargophag des Heiligen ist in der St. Severi-Kirche zu sehen. Die frühgotische, fünfschiffige Hallenkirche wurde von 1280 bis 1400 erbaut.

Hinter dem Domhügel ragt der Petersberg auf. Hier wurde in verschiedenen Epochen von 1664 bis 1868 die Citadelle erbaut, die einzig weitgehend erhaltene barocke Stadtfestung Mitteleuropas. Die unterirdischen Minengänge können bei einer Führung mit der Tourismus Gesellschaft Erfurt erkun-

---

■ **Dom St. Marien**

Domberg
99084 Erfurt
Tel.: 03 61/6 46 12 65
Fax: 03 61/5 66 89 16
▶ **Öffnungszeiten**
Mai–Okt. Mo.–Fr.
9–1.30 Uhr,
12.30–17 Uhr, Sa. bis 16 Uhr, So. und Feiert. 14–16 Uhr; Nov.–Apr. Mo.–Sa. 10–11.30 Uhr, 12.30–16 Uhr, So. und Feiert. 14–16 Uhr
▶ **Eintritt**
frei
■ **Domführung**
Erwachsene € 1,50, ermäßigt € 0,50
■ **Führungen zur Gloriosa**
Apr.–Juli stündl. Do. 9–13 Uhr, Fr. und So. 13–16 Uhr,
Sa. 11–16 Uhr;
Mo.–Mi. und
1. Wochenende des Monats keine Führung
▶ **Preis**
Erwachsene € 1,50, ermäßigt € 1,–

■ **St. Severi**

Severihof 2
99084 Erfurt
Tel.: 03 61/57 69 60
Fax: 03 61/5 76 96 10
▶ **Öffnungszeiten**
Mai–Okt. Mo.–Fr.
9–12.30 Uhr, 13.30–17 Uhr; Nov.–Apr.
Mo–Fr. 10–12.30 Uhr, 13.30–16 Uhr
▶ **Eintritt frei**
▶ **Führungen**
auf Anfrage

Citadelle Petersberg

Petersberg
99084 Erfurt
Tel.: 03 61/2 11 52 70
Öffnungszeiten
Nov.–März Di.–So.
10–17 Uhr, Apr.–Okt.
Di.–So. 10–18 Uhr
Führungen
Erwachsene € 4,50,
ermäßigt € 2,50

Predigerkirche

Predigerstr. 4
99084 Erfurt
Tel.: 03 61/
55 04 84 84
Fax: 03 61/5 62 52 11
Öffnungszeiten
Apr.–Okt. Di.–Sa.
10–17 Uhr, So. und
Feiert. 12–16 Uhr;
Nov.–März Di.–Sa.
10–12 Uhr, 14–16 Uhr
Eintritt frei
Führungen
Erwachsene € 1,50,
ermäßigt € 0,50

det werden. Ein kleines Museum im Eingangsbereich, hinter dem kunstvollen barocken Peterstor, stellt die Geschichte der Citadelle dar.

Vom Domplatz führt die Marktstraße an der Allerheiligenkirche, einem gotischen Bau mit einem 53 Meter hohen Turm von 1487 vorbei zum Fischmarkt. Auch die Mettengasse bringt die Stadtbummler zum Fischmarkt. Rechts am Weg liegt das historische Haus „Zum Sonneborn"; Verliebte, die sich trauen, den Bund der Ehe einzugehen, ist die Adresse Große Arche 6 wichtig: das schöne Haus mit dem hübschen Namen dient als Hochzeitshaus und Standesamt.

Wer von hier den kleinen Umweg über die Predigergasse zum Fischmarkt macht, kommt zu einer der vielen Kirchen Erfurts, zur Predigerkirche. Diese Kirche der Prediger- oder Dominikanermönchen wurde 1270 bis 1440 errichtet. Reste des Klosters sind erhalten geblieben. Meister Eckart, der Mystiker (um 1260–1328) hatte hier eine seiner Wirkungsstätten. Sehenswert ist die Ausstattung der Kirche, in der im Sommer mittwochs Orgelkonzerte gegeben werden.

Der Fischmarkt ist umgeben von prächtigen Bürgerhäusern aus der Zeit von Renaissance und Barock. Inmitten des Platzes eine Rolandsfigur von 1591, Zeichen der bürgerlichen Freiheit. Das Rathaus am Fischmarkt sieht älter aus als es ist; es wurde 1870 bis 1874 im Stil der Neugotik erbaut. Wandgemälde im Rathaus stellen Szenen aus Luthers Leben und Erfurts Geschichte dar.

Am Rathaus links vorbei führt der Weg zum Benediktsplatz, hier ist die Tourist Information zu finden. Von hier geht die Krämerbrücke über den Wasserlauf der Gera. Nach früheren Holzbrücken wurde 1325 eine 120 Meter lange steinerne Brücke aus sieben Sandsteinbogen errichtet. Die Brücke ist beidseitig mit Häusern bebaut.

Krämerbrücke

Dem Lauf der Gera folgend ist das Augustinerkloster mit der zwischen 1290 und 1350 erbauten Augustinerkirche zu erreichen. Das Augustinerkloster, Baubeginn 1276, ist Tagungs- und Begegnungszentrum, Beherbergungsbetrieb mit Einzel- und Doppelzimmern, nicht zuletzt Ausstellungs- und Luther-Gedenkstätte. 1505 trat Martin Luther als Mönch in das Kloster ein. Die Lutherzelle ist zu besichtigen wie die neue Ausstellung „Bibel, Kloster, Luther".

Vom Fischmarkt führt die Schlösserstraße zum Anger, einem geschäftigen Platz mit stattlichen historischen Bürgerhäusern und vielen Geschäften, die zum Einkaufen einladen. Im Norden des Platzes ragt die Kaufmannskirche, eine gotische Basilika aus dem 13./14. Jahrhundert auf. Davor steht das Lutherdenkmal.

Den Anger längs kommt man zur Regierungsstraße, wo das barocke Gebäude der ehemaligen kurmainzischen Statthalterei, 1711 bis 1720 erbaut, zu sehen ist. Von hier wird immer noch regiert; es ist Sitz der Thüringer Staatskanzlei.

Evangelisches Augustinerkloster

Augustinerstr. 10
99084 Erfurt
Tel.: 03 61/5 76 60 10
Fax: 03 61/5 76 60 99
▶ **Öffnungszeiten**
Besichtigung nur während der stündl. Führungen Apr.–Okt. Mo–Sa. 9–12 Uhr, 14–17 Uhr, So. und Feiert. 11 Uhr;
Nov.–März Mo.–Sa. 10–12 Uhr, 14–16 Uhr, So. und Feiert. 11 Uhr
▶ **Eintritt**
Erwachsene € 3,50, ermäßigt € 2,50/1,50, Gruppen je Pers. € 3,–

Museen von A bis Z – von Angermuseum bis Zum Stockfisch

Angermuseum

Anger 18
99084 Erfurt
Tel.: 03 61/5 62 33 11
Fax: 03 61/5 62 66 45
Öffnungszeiten
Di.–So. 10–18 Uhr
Eintritt
Erwachsene € 1,50,
ermäßigt € 0,75

Museum Neue Mühle

Schlösserstr. 25a
99084 Erfurt
Tel.: 03 61/6 46 10 59
Öffnungszeiten
Di.–So. 10–18 Uhr,
stündl. Führungen
Eintritt
Erwachsene € 1,50,
ermäßigt € 0,75

Kunsthalle Erfurt

Haus
Zum Roten Ochsen
Fischmarkt 7
99084 Erfurt
Tel.: 03 61/6 42 21 88
Fax: 03 61/6 46 30 92
Öffnungszeiten
Di.–So. 11–18 Uhr,
Do. bis 22 Uhr
Eintritt
Erwachsene € 2,50,
ermäßigt € 1,50

Stadtmuseum

Haus Zum Stockfisch
Johannesstr. 169
99084 Erfurt
Tel.: 03 61/5 62 48 88
Fax: 03 61/5 66 78 22
Öffnungszeiten
Di.–So. 10–18 Uhr
Eintritt
Erwachsene € 1,50

Am Anger, in einem prächtigen Gebäude, das als Pack- und Waagehof zwischen 1706 und 1712 erbaut wurde, zeigt das Angermuseum Kunst und Kunsthandwerk vom Mittelalter bis zur Gegenwart.

Nicht weit entfernt wartet das Haus Dacheröden, das seinen Namen der Caroline von Dacheröden verdankt, der späteren Frau Wilhelm von Humboldts. In den Räumen ist eine Galerie zu besichtigen, finden viele Veranstaltungen statt.

Es war eine Mühle, seit dem 13. Jahrhundert nachweisbar, die brannte 1736 nieder und wurde ein Jahr später als Neue Mühle wieder aufgebaut. Heute ist hier ein Mühlenmuseum zu besichtigen, in dem Schauschroten veranstaltet wird.

Am Fischmarkt steht ein stattliches Bürgerhaus, das Haus Zum Roten Ochsen. Es dient als Kunsthalle für wechselnde Ausstellungen moderner Kunst.

Im über 500 Jahre alten Waidspeicher wurde früher aus den getrockneten Blättern der Waidpflanze ein blauer Textil-Färbestoff gewonnen. Der Waidspeicher und das Haus Zum Güldenen Krönbacken bilden den Kulturhof, in dem auch zeitgenössische Kunst ausgestellt wird.

Ein repräsentatives Haus der Spätrenaissance, das Haus Zum Stockfisch, ist das Stadtmuseum. Ein Gang durch die Ausstellung ist eine Entdeckungsreise von der Ur- und Frühgeschichte bis zur Gegenwart Erfurts. Das dem Museum zugehörige

Druckereimuseum ist auf Anfrage zu besichtigen; die historischen Druckmaschinen werden dann fachkundig vorgeführt.

Jenseits der Gera, in einem der ältesten Steingebäude der Stadt, 1547 errichtet, ist im Museum für Thüringer Volkskunde die ländliche Alltagskultur zu erleben.

Die Barfüßerkirche aus dem 14./15. Jahrhundert wurde 1945 im Krieg zum großen Teil zerstört. Das hohe gotische Kirchenschiff dient der Ausstellung mittelalterlicher Sakralkunst.

Die Geschichte der Elektrizität und der Elektrotechnik wird im ElektroMuseum dargestellt. Historische Anlagen und Geräte aus Haushalt und Büro, Rundfunk-, Fernseh- und Messtechnik sind zu besichtigen.

Die romanische Peterskirche auf dem Petersberg, neben den Kasernengebäuden der Citadelle, zeigt eine bedeutende internationale Sammlung konkreter Malerei, Grafik, Skulpturen und Objekte.

Museum für Thüringer Volkskunde

Juri-Gagarin-Ring 140a
99084 Erfurt
Tel.: 03 61/6 55 56 01
Fax: 03 61/6 55 56 09
▶ Öffnungszeiten
Di.–So. 10–18 Uhr
▶ Eintritt
Erwachsene € 1,50,
ermäßigt € 0,75,
Gruppenführung
€ 15,–, ermäßigt € 5,–

Barfüßerkirche

Barfüßerstr. 20
99084 Erfurt
Tel.: 03 61/6 46 40 10
▶ Öffnungszeiten
Apr.–Okt. Di.–So.
10–13 Uhr, 14–18 Uhr
▶ Eintritt
Erwachsene € 1,–,
ermäßigt € 0,50

ElektroMuseum Erfurt

Schlachthofstr. 45
99085 Erfurt
Tel.: 03 61/6 01 17 51
▶ Öffnungszeiten
Di.–So. 10–17 Uhr
▶ Eintritt
Erwachsene € 3,–,
ermäßigt € 1,50

Forum konkrete Kunst

Peterskirche
Petersberg
99084 Erfurt
Tel.: 03 61/73 57 42
▶ Öffnungszeiten
Mi.–So. 10–18 Uhr
▶ Eintritt
Erwachsene € 1,–,
ermäßigt € 0,50

**Haus
Zum Roten Ochsen/
Kunsthalle**

Natur von A bis Z – von Aquarium bis Zoopark

In einem Waidspeicher aus dem Jahr 1522 zeigt das Naturkundemuseum den Landschaftsraum Thüringen. Die Erdgeschichte wird ebenso anschaulich dargestellt wie die Lebensräume Wald, Flur, Dorf und Stadt.

Das Deutsche Gartenbaumuseum liegt außerhalb der Innenstadt – an der Gothaer Straße, der B 7, inmitten des ega-Parks. In den alten Festungsmauern der Cyriaksburg ist die große Dauerausstellung „Die ganze Welt im Garten" zu sehen, die durch wechselnde Ausstellungen zu Gartenbau und Gartenkunst ergänzt wird.

Der Garten Thüringens heißt „ega" und ist einer der schönsten und größten Freizeit- und Erholungsparks in Deutschland. In einer einmaligen Parklandschaft gibt es Blumen und Gärten – der Rosen- und der Japanische Garten seien eigens erwähnt – Schauhäuser, Spielplätze, einen Kinderbauernhof, Ausstellungen und Veranstaltungen von Januar bis Dezember.

Die auch von Napoleon geschätzte Erfurter Brunnenkresse wird im Kressepark angebaut. Über die Geschichte und die Produktion des Krauts informiert ein Rundgang; und vielleicht kann man dabei die hier heimischen Eisvögel beobachten. Während der Erntezeit von September bis März kann die Kresse gekauft werden. Im schmucken Kresseschlösschen gibt es Kaffee und Kuchen.

Naturkundemuseum

Große Arche 14
99084 Erfurt
Tel.: 03 61/6 42 20 85
Fax: 03 61/6 42 20 86
Öffnungszeiten
Di.–So. 10–18 Uhr
Eintritt
Erwachsene € 1,50,
ermäßigt € 0,75,
Gruppen bis 15 Pers.
€ 15,–, ermäßigt € 5,–

Deutsches Gartenbaumuseum

Cyriaksburg
ega-Park
Gothaer Str. 50
99094 Erfurt
Tel.: 03 61/22 39 90
Fax: 03 61/2 23 99 13
www.gartenbaumuseum.de
Öffnungszeiten
März–Dez. Di.–So.
10–18 Uhr, Jan.–Febr.
nur für Gruppen nach Vereinbarung
Eintritt
für ega-Park berechtigt zum Besuch des Museums,
Erwachsene € 3,60,
ermäßigt € 2,60

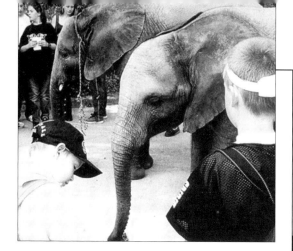

Im Thüringer Zoopark

Schloss und Park Molsdorf sind 15 Kilometer südwestlich von der Stadt entfernt. Das spätbarocke Schloss wird das „Thüringer Versailles" genannt.

In der Nähe des Nordparks warten mehr als 3500 kleine Tiere von 500 Arten auf kleine und große Besucher. Hier im Aquarium sind die artenreichste Sammlung exotischer Süßwasserfische Deutschlands zu sehen, 50 Meeresfischarten, auch verschiedene Reptilien wie Schlangen und die kleinen Kaimane. Äffchen gibt es auch.

Größere und große Tiere bis zu den Elefanten sind im weitläufigen Zoopark zu sehen. Über 1200 Geschöpfe aus 200 Arten und von allen Kontinenten haben in Erfurt ein schönes Zuhause.

THÜRINGER ZOOPARK

Zum Zoopark 8–10
99087 Erfurt
Tel.: 03 61/75 18 80
Fax: 03 61/7 51 88 63
Öffnungszeiten
tägl. Apr.–Sept. 8–18 Uhr, Okt.–März 9 Uhr bis zur Dämmerung
Eintritt
Erwachsene € 4,–, ermäßigt € 2,50, Familienkarte € 8,–
Gruppen ab 15 Pers. je € 3,–, ermäßigt € 2,–

ega – Erfurter Garten- und Ausstellungs GmbH

Gothaer Str. 38
99094 Erfurt
Tel.: 03 61/22 32 20
Fax: 03 61/2 23 22 22
E-mail: info@egan-online.de
www.ega-erfurt.de
▶ Öffnungszeiten
Apr.–Okt. tägl. 8–20 Uhr, Nov.–März tägl. 8–18 Uhr
▶ Eintritt
Erwachsene € 3,60, ermäßigt € 2,60, Familienkarte € 8,–, Gruppen je Pers. € 2,60; berechtigt auch zum Eintritt ins Gartenbaumuseum

Kressepark Erfurt GmbH

Motzstr. 8
99094 Erfurt
▶ Öffnungszeiten
Mo.–So. 9–17 Uhr; Sa. und So. nach Voranmeldung
Betriebsbesichtigung für Gruppen nach Voranmeldung: Tourismus Gesellschaft Erfurt
Tel.: 03 61/6 64 01 20
▶ Eintritt
Erwachsene € 3,–, ermäßigt € 1,50

Einkaufen, ausgehen, feiern

Der Domplatz verwandelt sich von Montag bis Freitag in einen bunten Marktplatz, der zum Bummeln und Einkaufen einlädt. Im Dompavillon auf dem Domplatz bietet der „Thüringer Spezialitätenmarkt" 500 ausgewählte Artikel an – von Lebens- und Genussmitteln bis zu Spielzeug und Schmuck. Der Anger und seine Umgebung ist das Einkaufszentrum der Stadt. Kleine Boutiquen, Galerien, Antiquariate, Werkstätten und Läden der Holzschnitzer, Töpfer und Glasbläser, die ihre aus dem Mittelalter überlieferte Handwerkskunst zeigen, finden sich im Gebiet von Krämerbrücke, Wenigemarkt, Fischmarkt und Lange Brücke. Die Tourismus Gesellschaft Erfurt vermittelt gern Betriebsbesichtigungen, Vorführungen und Werksverkauf.

Wer sich noch nicht in Erfurts Kneipenszene auskennt, nimmt gern den etwa dreistündigen Kneipenspaziergang am Abend wahr, den die Tourismus Gesellschaft anbietet. In drei Kneipen der Altstadt wird das einheimische Bier getrunken; eine Besonderheit, die viele Gäste dabei kennen und schätzen lernen, ist der „Aromatique", ein Kräuterlikör, dessen Rezept ein Geheimnis ist.

Wer sich auskennt oder auf Entdeckungsreise gehen will, findet den Weg in den „Museumskeller" am Juri-Gagarin-Ring 140a, da gibt es ab 22 Uhr Livemusik. Jazzfans besuchen den „Jazzkeller" am Fischmarkt 12/13, wer auf Disco abfährt, geht ins „Fun", das in der Apoldaer Straße 20 von Mittwoch

---

Betriebsbesichtigungen und **Kneipenspaziergänge** durch die Tourismus Gesellschaft Erfurt
Tel.: 03 61/6 64 01 20

bis Sonntag um 21 Uhr seine Pforten öffnet. Am Sonntag gibt's Teenie-Disco ab 15 Uhr.

Wer vor oder nach dem Essen Theater haben will, dem sei das Schauspielhaus oder das Kuppel-Theater empfohlen. Im Theater Waidspeicher wird Puppentheater gemacht und das Kabarett „Die Arche" tritt auf. „Die Schotte" ist ein Kinder- und Jugendtheater.

Vor allem für die Gäste in der Stadt, die in Erfurt schnell von Fremden zu Freunden werden, veranstaltet die Tourismus Gesellschaft für Gruppen und Gesellschaften Gourmet-Erlebnisse. Die genussvolle Palette der kulinarischen Veranstaltungen in ausgewählten Restaurants reicht vom „Original Thüringer Kloßessen" und dem „Rustikalen Ritteressen" über „Martinsgänse und Martinshörnchen", „Bankett nach Art des Doktor Luther", „Goethe-Dinner im Kerzenschein" bis zu „Genießen wie zu Bach's Zeiten."

Der Veranstaltungskalender Erfurts ist mit vielen Festen und Events von Januar bis Dezember ausgefüllt. Einige seien hier besonders erwähnt. Wie die Thüringer Bach-Wochen von

- **Theater**
  Tickets über
  Tel.: 03 61/6 64 01 00

- **Gourmet-Erlebnisse**
  Tel.: 03 61/6 64 01 20

- **Veranstaltungen**
  und Ticket-Service
  Tel.: 03 61/6 64 01 00

März bis April, die Osterfestspiele mit Opern und Konzerten, die Lange Nacht der Museen gegen Ende Mai, das Internationale Straßenrennen „Rund um die Hainleite" am Pfingstmontag, eine Woche lang im Juni das Internationale Puppentheaterfestival „Synergura", das Mitte Juni von Till Eulenspiegel eröffnete Krämerbrückenfest, der MDR-Musiksommer, das größte Klassikfestival Mittelthüringens, 14 Tage lang die Domstufenfestspiele im August, die Erfurter Kirchenmusiktage und die Grünen Tage Thüringens im September; gegen Ende des Jahres lockt der größte Weihnachtsmarkt Thüringens unzählige Besucher in die Stadt.

REZEPT

Beim Bach-Menü gibt es den weit über die Grenzen der Stadt hinaus bekannten

Erfurter Puffbohnensalat
500 g Puffbohnenkerne (Ackerbohnen), Öl, Salz, Essig, Zucker, 200 g Zwiebeln, Pfeffer, 1 hartgekochtes Ei, Persilie. Die Puffbohnen in Salzwasser aufkochen, Wasser abgießen, neu ansetzen, die Bohnenkerne langsam weich kochen, kalt abspülen, abtropfen lassen. Eine Marinade aus Öl, Salz, Essig, Zucker, Zwiebelwürfeln und Pfeffer bereiten und über die Bohnen geben. 1 bis 2 Stunden kühl stellen, vor dem Essen mit Ei und Persilie verzieren. Wer mag, gibt in den Salat Streifen von Sülzfleischwurst.
Guten Appetit!

Kulturstadt Europas und Welterbe der Menschheit

Goethe: „Wo finden Sie auf einem so engen Fleck noch so viel Gutes ... und wo bin ich nicht überall gewesen! – Aber ich bin immer gerne nach Weimar zurückgekehrt."

Johann Wolfgang Goethe, der berühmteste Bürger Weimars, der am 28. August 1749 in Frankfurt am Main geboren wurde, war wegen seines Bestsellers „Die Leiden des jungen Werthers" schon ein berühmter Dichter, als er auf Einladung von Herzog Carl August am 7. November 1775 in der Residenzstadt Weimar eintraf. Er gehörte zum Hofkreis, schloss Freundschaften mit den Dichtern, die in Weimar lebten: Musäus, Wieland, Herder, der auf Goethes Anregung nach Weimar berufen wurde. Und er lernte Charlotte von Stein kennen, mit der ihn bald eine innige Beziehung verband. Goethe erhielt das Gartenhaus vom Herzog geschenkt, erwarb das Weimarer Bürgerrecht, trat in den Staatsdienst ein. Er ging auf Reisen, empfing Besuche und schrieb seine Werke. 1779 wurde er zum Geheimen Rat ernannt, 1782 durfte er das „von" in seinen Namen einfügen. 1787 traf Schiller in Weimar ein, die beiden Dichter wurden Freunde und

Tourist-Information Weimar

Markt 10
99423 Weimar
Tel.: 0 36 43/2 40 00
Fax: 0 36 43/24 00 40
E-mail: tourist-info@weimar.de
www.weimar.de

Goethe-Schiller-Denkmal vor dem Nationaltheater

Stadtführungen

Öffentliche Stadtführungen tägl. 10 und 14 Uhr ab Tourist-Information, 2 Stdn., Erwachsene € 6,–, ermäßigt € 4,–
Gruppenführungen nach Vereinbarung, € 76,50
Thematische Führungen „Auf Goethes Spuren", „Bach und die Weimarer Musikgeschichte", „Jugendstil", „Frauen im klassischen Weimar" nach Vereinbarung, € 76,50

> **WeimarCard**
>
> für freie Fahrten mit den Stadtbussen, freien oder ermäßigten Eintritt in viele Museen, erhältlich bei der Tourist-Information, den Verkaufsstellen des Verkehrsbetriebs, bei vielen Museen und Hotels
> WeimarCard basic für 72 Stunden € 10,–
> WeimarCard plus nochmals 72 Stunden € 5,–
> WeimarCardbasic plus für insg. 144 Stunden € 15,–

arbeiteten oft zusammen. Nach einem reichen Leben starb Goethe am 22. März 1832 in Weimar.

Die Goethe-, die anderen Kulturstätten und Sehenswürdigkeiten Weimars, von der UNESCO zum Weltkulturerbe der Menschheit erklärt, lassen sich bei einem Stadtrundgang besichtigen. Die Tourist-Information Weimar veranstaltet öffentliche Stadtführungen, Gruppen- und thematische Führungen für alle, ob sie in Weimar ansässig sind, ob sie aus Frankfurt oder aus aller Welt in die Hauptstadt der Klassik kommen. Die Stadt ist leicht zu erreichen: auf der Klassikerstraße, B 7, auf der B 85, B 87, A 4 und per Bahn.

WEIMAR ZUM KENNELERNEN

Pauschal-Arrangement mit 2 Übernachtungen/Frühstück, WeimarCard, Gastgeschenk ab E 74,– pro Person

Information und Buchung:
Tourist-Information Weimar

Weimar

Auf den Spuren von Goethe und Schiller

Auf dem Marktplatz, an dem auch die Tourist-Information zu finden ist, beginnt der Weg durch das klassische Weimar. Die Häuser am Markt haben immer noch oder wieder das Aussehen, das sich Goethes Augen bot. Der „Schwarze Bär" von

1540 ist wohl Weimars ältestes Gasthaus. Der „Elephant" ist ein Hotel und galt als „Vorzimmer zu Weimars lebender Walhalla", wie Franz Grillparzer bemerkte. Im Cranach-Haus wohnte der Maler Lucas Cranach d. Ä. in seinem letzten Lebensjahr bis 1553. Im Gewölbe des Cranach-Hauses ist das „Theater im Gewölbe", eine Kleinkunstbühne mit großem Programm (Tel.: 0 36 43/24 00 35). Nebenan im Stadthaus von 1547 fanden zu Goethes Zeiten Bälle, Konzerte und andere Veranstaltungen statt. Das neugotische Rathaus wurde 1841 an Stelle des 1837 abgebrannten Renaissance-Rathauses errichtet. Ein Glockenspiel aus Meissner Porzellan erklingt vom Rathausturm.

Auf dem Weg zum Platz der Demokratie – schräg gegenüber dem Renaissance-Bau des Roten Schlosses, in dem die von Goethe geförderte Zeichenschule untergebracht war – stand einst das Bachhaus, in dem der Komponist von 1708 bis 1717 lebte. Es wurde 1803 abgerissen, eine Gedenktafel erinnert daran. Auf dem Platz steht das Reiterstandbild des Herzogs Carl August (1758–1828). Der Herzog reitet Richtung Residenzschloss, dem Stadtschloss, das auf eine mittelalterliche Wasserburg zurückgeht. Hier sind das Schlossmuseum und die Schätze der Kunstsammlungen zu Weimar, zu denen viele Cranach-Gemälde gehören, zu sehen.

Zurück zum Platz der Demokratie, an dem das Grüne Schloss aus dem 16. Jahrhundert steht. Anna Amalia, die Mutter von Herzog Carl August, ließ es 1761 bis 1766 zu einer prächtigen Bibliothek umbauen. Hier sind über 900 000 Bücher versammelt zur deutschen Klassik und die größte Faust-

---

Kunstsammlungen zu Weimar Schlossmuseum

Residenzschloss
Burgplatz 4
99423 Weimar
Tel.: 0 36 43/54 60
Fax: 0 36 43/54 61 01
E-mail: info@kunstsammlungen-weimar.de
www.kunstsammlungen-weimar.de
▶ Öffnungszeiten
Apr.–Okt. Di.–So. 10–18 Uhr, Nov.–März Di.–So. 10–16.30 Uhr
▶ Eintritt
Erwachsene € 4,–, ermäßigt € 2,50

Herzogin Anna Amalia Bibliothek

Platz der Demokratie 1
99423 Weimar
Tel.: 0 36 43/54 52 00
▶ Öffnungszeiten
11–12.30 Uhr,
So. und Feiert. sowie Nov.–März geschlossen
▶ Eintritt
Erwachsene € 2,50, ermäßigt ab € 1,–

Goethes Gartenhaus

Im Park an der Ilm
99423 Weimar
Tel.: 0 36 43/
54 5401 04
Öffnungszeiten
Mo., Mi.–So.
Apr.–Okt. 9–18 Uhr,
Nov.–März 10–16 Uhr
Eintritt
Erwachsene € 2,50,
ermäßigt € 2,–,
Kinder € 1,–

Goethes Gartenhaus

Parkhöhle

Im Park an der Ilm
Tel.: 0 36 43/51 19 19
Öffnungszeiten
Apr.–Okt. Di.–So.
9–18 Uhr, Nov.–März
Di.–So. 10–16 Uhr
Eintritt
Museum Erwachsene
€ 2,–, ermäßigt € 1,50
Führung
Erwachsene € 3,–,
ermäßigt € 2,–

Liszt-Haus

Marienstr. 17
99423 Weimar
Tel.: 0 36 43/
54 54 01 04
Öffnungszeiten
Apr.–Okt. Di.–So.
9–13 Uhr, 14–18 Uhr;
Nov.–März Di.–So.
10–13 Uhr, 14–16 Uhr
Eintritt
Erwachsene € 2,–,
ermäßigt € 1,50

Sammlung, außerdem die Bibliothek der Deutschen Shakespeare-Gesellschaft.

Einige Schritte weiter, gegenüber zum Eingang in den Park an der Ilm, steht das Haus der Frau von Stein, das Goethe seiner Freundin eingerichtet hatte. Über eine Brücke führt der Weg zu Goethes Gartenhaus, das er 1776 vom Herzog als Geschenk erhielt.

Der Weg zurück durch den Park, der unter Goethes Mitwirkung als Landschaftsgarten gestaltet wurde, führt über die Brücke, dann rechts, vorbei am Shakespeare-Denkmal und der Ruine des Tempelherrenhauses von 1786. Am Rand des Parks befindet sich die Parkhöhle, deren Geschichte und geologi-

sche Beschaffenheit bei einer Führung vermittelt wird. Herzog Carl August ließ das bis zu 12 Meter tiefe Stollensystem zur kühlen Bierlagerung graben. Die Geschichte des Bergbaus, für den Goethe zuständig war, wird dargestellt und Versteinerungen aus des Dichters Sammlung werden gezeigt.

Wenige Schritte weiter steht das Gebäude der ehemaligen Hofgärtnerei. Hier wohnte von 1869 bis

1886 der Komponist und Klaviervirtuose Franz Liszt. Das Haus, in dem seine Räume zu besichtigen sind, dient als Gedenkstätte für den Musiker.

Über die Geschwister-Scholl-Straße ist der Historische Friedhof zu erreichen. Hier ruhen viele Persönlichkeiten aus Weimars reicher Geschichte. In der Fürstengruft wurden 1827 Schiller, 1828 Herzog Carl August, 1832 Goethe beigesetzt. An der Südseite der Gruft wurde 1859 bis 1862 die russisch-orthodoxe Grabkapelle für Maria Pawlowna, Schwiegertochter Carl Augusts und Tochter des Zaren Nikolaus I. errichtet.

Vom Friedhof über die Amalienstraße ist der Frauenplan zu erreichen. Der Platz wird vom Goethehaus beherrscht, erbaut 1709, von 1782 bis zu seinem Tod 1832 wohnte Goethe in diesem Haus, das ihm 1794 der Herzog schenkte. Zu besichtigen sind die Wohn-, Arbeits-, Empfangs- und Kunstsammlungsräume des Dichters, die Bibliothek und der Hausgarten. In späteren An- und Umbauten wird die umfangreiche Ausstellung „Wiederholte Spiegelungen. Weimarer Klassik 1759–1832" gezeigt.

Auf dem Frauenplan und in den Gassen der Altstadt wird am zweiten Oktober-Wochenende der

Historischer Friedhof
Am Posseckschen Garten
99423 Weimar
Fürstengruft
▸ Öffnungszeiten
Apr.–Okt. Mo., Mi.–So. 9–13 Uhr, 14–18 Uhr; Nov.–März Mo., Mi.–So. 10–13 Uhr, 14–16 Uhr
▸ Eintritt
Erwachsene € 2,–, ermäßigt € 0,50
Russisch-orthodoxe Grabkapelle
Apr.–Okt. Mo., Mi.–So. 9–16.45 Uhr; Nov.–März Mo., Mi.–So. 10–15.45 Uhr
▸ Eintritt frei

Goethes Wohnhaus Goethe-Nationalmuseum

Frauenplan 1
99423 Weimar
Tel.: 0 36 42/ 54 94 01 04
www.weimar-klassik.de
▸ Öffnungszeiten
Apr.–Okt. Di.–So. 9–18 Uhr, Nov.–März Di.–So. 9–16 Uhr
▸ Eintritt
Goethes Wohnhaus Erwachsene € 6,–, ermäßigt € 4,50, Schüler € 1,50
Ausstellung Weimarer Klassik Erwachsene € 2,50, ermäßigt € 2,–, Schüler € 1,–

Goethes Wohnhaus

Weimarer Zwiebelmarkt veranstaltet. Goethe kannte schon dieses Volksfest, das nachweislich seit 1653 gefeiert wird, zu dem die Bauern der Umgebung Zwiebeln, Knoblauch und Sellerie feilbieten.

REZEPT

Weimarer Zwiebelkuchen

Wem der Zippelkuch auf dem Zwiebelmarkt so gut geschmeckt hat, dass er ihn selber bereiten möchte, braucht:

300 g Mehl, 100 g Margarine, 1 3/8 l Milch, 25 g Hefe, Salz, 80 g Gries, 1 kg Zwiebeln, 100 ml Öl, 1 Ei, 10 g Kümmel.
Aus Mehl, Margarine, 1/4 l Milch, Hefe und 1 Prise Salz wird ein Teig bereitet, der 1 Stunde gehen muss. Aus Gries, 1 l Milch und 5 g Salz wird ein Brei gekocht, der abkühlen muss. Die Zwiebeln werden geschält, geraspelt und im Öl mit 1 Prise Salz glasig gedünstet. Der Teig wird ausgerollt, muss nochmals kurz gehen, der Brei wird aufgestrichen und die Zwiebeln werden darauf verteilt. Das Ei mit der restlichen Milch verquirlen und darüber gießen, Kümmel darüber streuen. Bei 200–220 °C etwa 45 Minuten backen.
Und gleich essen.
Guten Appetit!

Schillerhaus

Schillerstr. 12
99423 Weimar
Tel.: 0 36 42/
54 54 01 04
Öffnungszeiten
Apr.–Okt. Mo.,
Mi.–So. 9–18 Uhr,
Nov.–März Mo.,
Mi.–So. 9–16 Uhr
Eintritt
Erwachsene € 3,50,
ermäßigt ab € 1,–

Vom Frauenplan geht die Schillerstraße zum Schillerhaus, 1777 erbaut und von Friedrich von Schiller 1802 erworben und bis zu seinem Tod drei Jahre später bewohnt. Im Haus des Dichters ist die teilweise originale Ausstattung zu sehen.

Wenige Schritte weiter führt das Weimar Haus als multimediales Erlebnismuseum in die Geschichte

Anna Amalias Tafelrunde im Weimar Haus

der Stadt von den ersten Siedlern an. Wachsfiguren, hergestellt von Künstlern, die auch für Madame Tussaud arbeiten, Kulissen, Spezial-Effekte und Videoprojektionen lassen Goethe, Schiller und andere berühmte Weimarer und deren Gäste lebensecht erscheinen.

Die Schillerstraße führt zum Theaterplatz. An der Ecke erhebt sich das Wittumspalais, Witwensitz der Herzoginmutter Anna Amalia bis zu ihrem Tod 1806. Sie versammelte hier zu ihrer berühmten Tafelrunde die Größen aus Weimar und Gäste aus aller Welt.

Das Theater ist das vierte Gebäude an dieser Stelle; das erste Theater leitete Goethe 26 Jahre lang, unter Schillers Mitwirkung von 1799 bis 1805 hatte es seine größte Zeit. 1825 brannte das Komödienhaus ab, dessen Neubau 1908 durch ein neues Haus ersetzt wurde, das 1919 zum Deutschen Nationaltheater erklärt wurde. Hier tagte 1919 die Nationalversammlung, die nach dem Krieg eine demokratische und republikanische Verfassung für das Deutsche Reich beschloss, die Weimarer Verfassung, die die Weimarer Republik prägte bis zur Machtübergabe an die Nazis 1933. 1945 wurde das Theater durch Bomben zerstört und erneut aufgebaut.

■ **Weimar Haus**

Schillerstr. 16–18
99423 Weimar
Tel.: 0 36 43/90 18 90
Fax: 0 36 43/90 21 70
E-mail:
info@weimarhaus.de
www.weimarhaus.de
▶ Öffnungszeiten
tägl. Apr.–Sept.
10–20 Uhr,
Okt.–März 10–18 Uhr
▶ Eintritt
Erwachsene € 6,50,
ermäßigt € 5,50

■ **Wittumspalais**

Theaterplatz
99423 Weimar
Tel.: 0 36 43/
54 54 01 04
▶ Öffnungszeiten
Apr.–Okt. Di.–So.
9–18 Uhr, Nov.–März
Di.–So. 10–16 Uhr
▶ Eintritt
Erwachsene € 3,50,
ermäßigt € 1,50

Herderkirche

Deutsches Nationaltheater & Staatskapelle Weimar

Theaterplatz 2
99423 Weimar
Information und Karten
Tel.: 0 36 43/75 53 34
www.nationaltheater-weimar.de
Ticket-Service
der Tourist-Information
Tel.: 0 36 43/24 00 35

Stiftung Weimarer Klassik

Besucherservice/
Museumspädagogik
Frauentorstr. 4
99423 Weimar
Tel.: 0 36 43/
54 54 01 04
Fax: 0 36 43/41 98 16
E-mail: info@weimar-klassik.de
www.weimar-klassik.de

Vor dem Theater steht das Denkmal für Goethe und Schiller, 1857 von Ernst Rietschel geschaffen.

Die Rittergasse führt vom Theater- zum Herderplatz mit der erstmals 1253 erwähnten Stadtkirche St. Peter und Paul, Herderkirche genannt. Martin Luther predigte hier, Johann Sebastian Bach spielte auf der Orgel. Und Johann Gottfried Herder, zuständig für das Kirchen- und Schulwesen, wirkte hier von 1776 bis 1803.

Damit ist der Klassiker-Rundgang durch Weimar beendet. Aber die Stadt hat weitere klassische Stätten und Sehenswürdigkeiten vielfältiger Art zu bieten.

Weimar

Klassische Sehenswürdigkeiten außerhalb der Innenstadt

Römisches Haus

Park an der Ilm
Öffnungszeiten
Apr.–Okt. Di.–So.
9–18 Uhr, Nov.–März
Di.–So. 10–16 Uhr
Eintritt
Erwachsene € 2,–,
ermäßigt ab € 0,50

Noch in der Stadt, im südlichen Teil des Parks an der Ilm steht das Römische Haus, ab 1792 für Herzog Carl August errichtet. Goethe leitete anfangs die Bauarbeiten. Die Räume und Salons des Herzogs sind zu besichtigen wie auch eine Ausstellung über den Ilmpark.

Die Belvederer Allee führt in den Süden nach Ehringsdorf zum Park und Schloss Belvedere, einem eleganten Lustschloss aus dem 18. Jahrhundert. In den historischen Räumen und den Seitenpavillons sind Porzellan, Fayencen, Gläser und Möbel vom

17. bis zum 19. Jahrhundert zu sehen, im östlichen Pavillon eine Austellung zur Jagd.

Wanderer begeben sich von hier auf dem Goethe-Wanderweg weiter nach Süden.

Die Tiefurter Allee führt von der Innenstadt nach Osten, ebenso die Karolinenpromenade als Wanderweg längs der Ilm zum Schloss Tiefurt. Das Landschlösschen am Rand eines englischen Landschaftsgartens war der Sommersitz der Herzogin Anna Amalia, Mittelpunkt literarisch-geselligen Treibens. Im Park fanden Theateraufführungen statt. Im Schloss sind Kunst, Kunsthandwerk und Kopien antiker Skulpturen zu sehen.

Weimar

Schloss Belvedere

Belvedere
99425 Weimar
Tel.: 0 36 43/54 60
▶ Öffnungszeiten
Apr.–Okt. Di.–So.
10–18 Uhr, Nov.–März
Di.–So. 10–16.30 Uhr
▶ Eintritt
Erwachsene € 3,–,
ermäßigt € 2,–

Schloss Tiefurt

Hauptstr. 14
99425 Weimar-Tiefurt
Tel.: 0 36 43/
54 54 01 04
▶ Öffnungszeiten
Apr.–Okt. Di.–So.
9–18 Uhr, Nov.–März
Di.–So. 10–16 Uhr
▶ Eintritt
Erwachsene € 3,50,
ermäßigt ab € 1,–

Schloss Belvedere

Kreuz und quer durch Geschichte, Kunst, Natur

Der Schriftsteller und Verleger Friedrich Justin Bertuch ließ sich von 1780 bis 1802 ein stattliches Wohn- und Gesellschaftshaus errichten. Im Bertuchhaus ist das Museum für Stadtgeschichte

Stadtmuseum Weimar im Bertuchhaus

Karl-Liebknecht-
Str. 5–9
99423 Weimar
Tel.: 0 36 43/8 26 00
Öffnungszeiten
Apr.–Okt. Di.–So.
10–18 Uhr, Nov.–März
Di.–So. 10–17 Uhr
Eintritt
Erwachsene € 2,–,
ermäßigt ab € 0,50

Kunsthalle am Goetheplatz

99423 Weimar
Tel.: 0 36 43/50 23 64
Öffnungszeiten
Apr.–Okt. Di.–So.
10–18 Uhr, Nov.–März
Di.–So. 10–17 Uhr
Eintritt
unterschiedlich nach
Ausstellung

Neues Museum Weimar

Weimarplatz 4
99423 Weimar
Tel.: 0 36 43/54 60
Öffnungszeiten
Apr.–Okt. Di.–So.
10–18 Uhr, Nov.–März
Di.–So. 10–16.30 Uhr
Eintritt
Erwachsene € 3,–,
ermäßigt € 2,–

Kirms-Krackow-Haus

Jakobstr. 10
99423 Weimar
Tel.: 0 36 43/
54 54 01 04
Öffnungszeiten
Apr.–Okt. Di.–So. 9–18
Uhr, Nov.–März
Di.–So. 10–16 Uhr
Eintritt
Erwachsene € 2,–

und Natur zu besichtigen. Die Ausstellung „Poetische Weltprovinz – Museale Bilder zur Geschichte Weimars" ist ständig zu sehen.

Die Kunsthalle am Goetheplatz, 1880 als Großherzogliches Museum für Kunst und Gewerbe" erbaut, dient dem Stadtmuseum für bemerkenswerte Sonderausstellungen.

Das Neue Museum in einem Neorenaissancebau, 1863 bis 1869 errichtet, ist ein bedeutendes Museum für die internationale zeitgenössiche Kunst.

Die Brüder Kirms, Hofbeamte zur Zeit Goethes, bewohnten ein im 16. Jahrhundert erbautes, im 18. Jahrhundert erweitertes Haus, in dem die bürgerliche Wohnkultur der damaligen Zeit zu besichtigen ist. Im Blumengarten sind alte Gartenpflanzen und Spalierobstbäume zu sehen, im Gartenpavillon die Austellung „Blumistik im alten Weimar".

Eine moderne Ausstellung zeigt die Geschichte Thüringens seit der Zeit 400 000 Jahre vor unserer Zeitrechnung bis zum Mittelalter. Eingeschlossen in die naturräumlichen Bedingungen wird mittels lebensgroßer Rekonstruktionen, Bildern und Modellen die Entwicklung der Menschen dargestellt.

In Thüringens Eisenbahngeschichte führt das ehemalige Bahnbetriebswerk Weimar. Der Thüringer Eisenbahnverein kümmert sich vor allem um die historischen Elektro-Loks, hat verschiedene von den

Baujahren 1934 bis 1970 versammelt, hat aber auch zwei Dampfloks der Baureihen 50 und 52, Dieselfahrzeuge und Wagen. Der Verein veranstaltet eine Modellbahnbörse in Erfurt, Eisenbahnfeste und öffnet die Tore des Bw zum Tag des offenen Denkmals.

In Oberweimar, im Südosten der Stadt, ist das Deutsche Bienenmuseum zu besichtigen. Biologie und Kulturgeschichte der Bienen wird ebenso anschaulich präsentiert wie die Imkerei. Eine Sammlung von volkskünstlerischen Arbeiten ergänzt die Ausstellung.

Die letzten Jahre seines Lebens, 1897 bis 1900, verbrachte der Philosoph Friedrich Nietzsche in der historischen Nachbarschaft der Klassiker. Er wohnte in der Villa Silberblick. Seine Schwester Elisabeth Förster-Nietzsche begründete das Nietzsche-Archiv, war aber antisemitisch und nazibegeistert, verfälschte das Werk ihres Bruders und machte ihn so zu einem Vorläufer des Faschismus. Die Bibliothek, das Arbeits- und Speisezimmer des Denkers und das Nietzsche-Archiv sind zu besichtigen.

Museum für Ur- und Frühgeschichte Thüringens

Humboldtstr. 11
99423 Weimar
Tel.: 0 36 43/81 83 00
▶ Öffnungszeiten
Mo.–Fr. 9–17 Uhr,
Sa., So. und Feiert.
10–17 Uhr
▶ Eintritt
Erwachsene € 3,10,
ermäßigt ab € 1,–

Parade der E-Loks im Bw Weimar

Bahnbetriebswerk Bw Weimar

Eduard-Rosenthal-Str.
99425 Weimar
▶ Öffnungszeiten
nach Vereinbarung
und bei den
Eisenbahnfesten
Kontakt
Thüringer Eisenbahnverein e. V.
Postfach 10 01 05
99001 Erfurt
Tel.: 01 77/3 38 54 15
und 01 77/2 42 15 19

Deutsches Bienenmuseum

Ilmstr. 3
99425 Weimar-Oberweimar
Tel.: 0 36 43/90 10 32
▶ Öffnungszeiten
Di.–So. 10–17 Uhr
▶ Eintritt
Erwachsene € 1,50,
ermäßigt € 0,50

Nietzsche-Archiv

Humboldtstr. 36
99425 Weimar
Tel.: 0 36 43/
54 54 01 04
Öffnungszeiten
Apr.–Okt. Di.–So.
13–18 Uhr, Nov.–März
Di.–So. 13–16 Uhr
Eintritt
Erwachsene € 2,–,
ermäßigt ab € 0,50

Albert-Schweitzer-Gedenk- und Begegnungsstätte

Kegelplatz 4
99423 Weimar
Tel.: 0 36 43/20 27 39
Öffnungszeiten
Mai–Okt. 10–17 Uhr,
Nov.–Apr. 10–16 Uhr,
Mo. nach
Vereinbarung

Am Kegelplatz, auf dem das erste deutsche Albert-Schweitzer-Denkmal 1968 errichtet wurde, steht das Haus des Märchendichters Carl August Musäus (1755–1787). Hier ist eine Gedenkstätte für den Philosophen und Urwaldarzt Albert Schweitzer (1875–1965) eingerichtet, die auch als Begegnungsstätte dient.

Weimar

Bauhaus

Der belgische Künstler Henry van de Velde wirkte in Weimar auch ab 1907 als Gründungsdirektor der Großherzoglich Sächsischen Kunstgewerbeschule. Nach der Revolution 1919 erfolgte durch Walter Gropius der Zusammenschluss mit der Hochschule für bildende Künste zum Staatlichen Bauhaus Weimar. Kunst, Kunsthandwerk und technische Fabrikation bildeten eine neue Einheit. Das Bauhaus, an dem Künstler wie Paul Klee, Wassily Kandinsky, Lyonel Feininger, Johannes Itten, Laszlo Moholy-Nagy, Oskar Schlemmer arbeiteten und lehrten, wurde zu einer Kunst- und Designschule von weltweiter Bedeutung und Wirkung.

Im Bauhaus-Museum am Theaterplatz zeigen die Kunstsammlungen zu Weimar etwa 500 ausgewählte Bauhaus-Arbeiten – von der berühmten Wagenfeld-Tischlampe bis zu Feininger-Bildern.

Anlässlich der ersten großen Bauhaus-Ausstellung 1923 wurde das Haus „Am Horn" errichtet und unter Beteiligung aller Bauhauswerkstätten eingerichtet. Das Haus am Ostrand des Parks an der Ilm ist die einzige realisierte Bauhausarchitektur in Weimar.

Der deutsch-amerikanische Maler Lyonel Feininger (1871–1956), ein Bauhausmeister, wurde durch seine prismatisch-kubistischen Gemälde berühmt. Mit dem Fahrrad war er von Weimar aus unterwegs, besuchte immer wieder Gelmeroda und malte die Dorfkirche in verschiedenen Lichteinwirkungen („Gelmerodas ohne Zahl").

Seit 1994 ist die Kirche von Gelmeroda die erste Autobahnkirche in den neuen Bundesländern. Als Projekt für die Kulturstadt Europas Weimar 1999 schuf Peter Mittmann die „Lichtskulptur Gelmeroda – LS 9803". Bei Anbruch der Dunkelheit bis 24 Uhr bestrahlen Lampen die Kirche und ihren Luftraum. Je nach Luft- und Partikeldichte, Dunst, Nebel, Regen oder Schnee entfalten sich wandelnde Lichteffekte.

■ Bauhaus-Museum

Theaterplatz
99423 Weimar
Tel.: 0 36 43/54 60
► Öffnungszeiten
Apr.–Okt. Di.–So.
10–18 Uhr, Nov.–März
Di.–So. 10–16.30 Uhr
► Eintritt
Erwachsene € 3,–,
ermäßigt € 2,–

Bauhaus-Lampe von Wagenfeld, 1923/24

■ Das Haus „Am Horn"

Am Horn 61
99425 Weimar
Tel.: 0 36 43/90 40 56
► Öffnungszeiten
Apr.–Okt. Mi., Sa., So.
11–18 Uhr, Nov.–März
nur bis 17 Uhr,
Sonderöffnungszeiten
bei Ausstellungen
► Eintritt
Erwachsene € 2,–,
ermäßigt € 1,–

■ Lichtskulptur Gelmeroda LS 9803

99428 Gelmeroda
Autobahn A 4,
Ausfahrt Weimar
www.mittmann.de

Gedenkstätte Buchenwald

Gedenkstätte Buchenwald
99427 Weimar-Buchenwald
Tel.: 0 36 43/43 00
Fax: 0 36 43/43 01 00
E-mail: buchenwald@buchenwald.de
www.buchenwald.de
Öffnungszeiten
Außenanlagen tägl. bis zum Einbruch der Dunkelheit
Ausstellungen und museale Einrichtungen Mai–Sept. Di.–So. 9.45–18 Uhr, Okt.–Apr. Di.–So. 8.45–17 Uhr
Eintritt frei
(Spenden sind willkommen)
Besucherinformation und Anmeldung für **Gruppenführungen**
Tel.: 0 36 43/43 02 00
Fax: 0 36 43/43 01 02
Jugendbegegnungsstätte
Tel 0 36 43/43 01 90
Fax: 0 36 43/43 01 02

Seit 1933, als den Nazis die Macht übertragen wurde, errichteten sie Konzentrationslager für politische Gegner, für Juden, Sinti und Roma, Homosexuelle und sogenannte Asoziale. 1937 wurde auf dem Ettersberg nördlich von Weimar unweit von Park und Schloss Ettersberg das KZ Buchenwald eingerichtet. Die Häftlinge, seit 1944 auch Frauen, wurden rücksichtslos in der Rüstungsindustrie ausgebeutet. Buchenwald war kein Vernichtungslager wie zum Beispiel Auschwitz, doch auch hier fanden Massentötungen statt, wurden viele Menschen bei medizinischen Versuchen und durch die Willkür der SS getötet. Insgesamt waren hier etwa 250 000 Menschen in Haft, die meisten aus anderen Staaten; über 50 000 wurden ermordet. Bevor amerikanische Truppen das KZ am 11. April 1945 erreichten, hatte sich die geheime Widerstandsorganisation der Häftlinge erhoben, die SS floh und die Häftlinge öffneten die Tore.

Figurengruppe der Widerstandskämpfer von Fritz Cremer

Nach dem Krieg benutzten sowjetische Besatzungsbehörden Teile des Lagers zur Internierung von Funktionären und Anhängern des Naziregimes; in den Wirren der Zeit wurden auch Unschuldige inhaftiert.

Die Außenanlagen sind zum Teil erhalten und können besichtigt werden. Die Gebäude des KZ sind museale Einrichtungen und Ausstellungsorte. Das Mahnmal mit Stelenweg, Gräbern, der Straße der Nationen und dem Glockenturm, vor dem die Figurengruppe der Widerstandskämpfer des Lagers steht, 1958 von dem Bildhauer Fritz Cremer geschaffen, hinterlässt einen bleibenden Eindruck.

Die Einrichtungen der Gedenkstätte schließen auch Archiv und Bibliothek ein, Besucherinformationen, Filmvorführungen. Eine Jugendbegegnungsstätte ist der Gedenkstätte angeschlossen.

> **BUCH-TIPPS**
>
> Das Standardwerk verfasste Eugen Kogon, ein Überlebender von Buchenwald und zum Widerstand im KZ zugehörig:
> **„Der SS-Staat.**
> **Das System der deutschen Konzentrationslager."**
> Bruno Apitz, Häftling und Widerstandskämpfer in Buchenwald, schrieb den verfilmten und in 29 Sprachen übersetzten Buchenwald-Roman, in dem die tatsächliche Rettung des Kindes Stefan-Jerzy Zweig geschildert wird:
> **„Nackt unter Wölfen."**
> In der Buchhandlung der Gedenkstätte gibt es ein großes Angebot an Literatur zu Nationalsozialismus und Konzentrationslager in deutsch- und fremdsprachigen Publikationen.

Jena

Der Eindruck bleibt

Gleich, wie man die Stadt erreicht, von West oder Ost auf der A 4 oder B 7, der Klassikerstraße, von Nord oder Süd auf der B 88, ob per Bahn, und gleich wie lange man in der Stadt verweilt, der Eindruck von Jena bleibt als „liebes närri-

Tourist-Information Jena

Johannisstr. 23
07743 Jena
Tel.: 0 36 41/80 64 00
Fax: 0 36 41/80 64 09
E-mail: tourist-info@jena.de
www.jena.de

Öffentliche Stadtrundgänge

ab Tourist-Information
Mo. 14 Uhr, Mi. und
Sa. 10 Uhr, Apr.–Okt.
Do. 15 Uhr, Dauer
2 Stunden
Preis
Erwachsene € 3,60,
ermäßigt € 2,60,
Gruppen € 60,–

Themen-Stadtrundgänge
„Goethe in Jena",
„Schillers Jenaer Jahrzehnt",
„Martin Luther in Jena",
„Sieben Wunder hat Jena",
„Das musikalische Jena",
u. s. w., nach Voranmeldung für Gruppen
Preis
€ 80,–

Stadtrundfahrt mit der historischen Straßenbahn von 1929
nach Vereinbarung

---

sches Nest" und „Stapelstadt des Wissens und der Wissenschaften", wie Goethe die Stadt nannte.

In der Johannisstraße ist die Tourist-Information, überragt vom 120 Meter hohen Intershop-Tower, Leutragraben/Eichplatz. Oben im glasverspiegelten Turm gibt es das Turmrestaurant „Scala" und eine Aussichtsplattform. In der Johannisstraße auch das Universitätsgasthaus „Zur Rosen" im Rosenhainschen Haus von 1561. Zwei Gaststätten laden hier ein und der Studentenclub im Keller. In den Rosensälen finden seit 1770 die „Akademischen Konzerte" statt.

Wenige Schritte führen zur Johanneskirche in der Wagnergasse, der ältesten Kirche Jenas aus dem 12. Jahrhundert. In der Nähe, an der Humboldtstraße, steht die Friedenskirche im Johannisfriedhof mit den Grabsteinen bedeutender Persönlichkeiten.

Zurück zum Leutragraben, von dem die Kollegiengasse vorbei am Anatomieturm, in dem sich ein Anatomiesaal befand, in dem Goethe den menschlichen Zwischenkieferknochen wieder entdeckte, zum Collegium Jenense führt. Hier wurde in einem ehemaligen Kloster 1548 eine Hohe Schule eingerichtet, die zehn Jahre später zur Universität erhoben wurde.

Der Weg führt weiter zum Marktplatz mit dem Rathaus, dessen älteste Teile aus dem 13. Jahrhundert stammen. Am benachbarten Kirchplatz steht die spätgotische Stadtkirche St. Michael, eine der größten Hallenkirchen Thüringens.

In der Nähe der Hauptgebäude der Universität am Fürstengraben steht am Lutherplatz eines der ältesten Gasthäuser Jenas, das Hotel „Schwarzer

Bär", in dem schon Luther Gast war.

Wer das Erlebnis des Einkaufens genießen möchte, findet in der Stadt viele schöne Geschäfte, ein Teil der Läden hat sich in der Goethe Galerie in der Goethestraße versammelt. Auf dem Gelände des ehemaligen Zeiss-Hauptwerkes in der Goethestraße wurde 1996 diese Galerie mit 70 Geschäften, einem Hotel und vielen Restaurants, Kneipen und Cafés eröffnet.

Der Tag ist vergangen. Was nun? Hier einige Empfehlungen aus der Fülle und Vielfalt Jenas. Am Johannisplatz 14 öffnet die Havana Club Bar ab 21 Uhr, Live-Musik wird geboten. Das Café Boheme am selben Platz Nr. 15 öffnet schon um 9. Internationale Küche, hausgebackenen Kuchen und einheimische Weine gibt´s im Café Stilbruch in der Wagnergasse 2.

Der Kirchturm von St. Michael

■ **Pauschal-Angebote**

der Tourist-Information Jena, z. B.
„Happy Weekend",
„Fair Play",
„Jena – gestern und heute",
„Luther-Spezial",
„Reise zu den Sternen"
mit 2 Übernachtungen im DZ mit Frühstück und vielen schönen Extras und Überraschungen
ab € 79,– pro Person

Auf den Spuren der Klassiker

Die „Göhre" ist eines der ältesten Bürgerhäuser Jenas. In seinen Räumen informiert das Stadtmuseum über die Geschichte, in der die Klassiker eine große Rolle spielen. Wer kennt nicht die 7 Weltwunder. Aber wer kennt die 7 Wunder Jenas? Neugierige müssen sich gedulden, erst in zwei, drei Jahren ist das Stadtmuseum wieder geöffnet.

Im ehemaligen Inspektorhaus des Botanischen Gartens, in dem über 12 000 Pflanzenarten aller Klimazonen der Erde teils in Freianlagen, teils in Gewächshäusern gedeihen, wohnte Goethe immer wieder zwischen 1817 und 1822. Er nannte es seine „Clausur auf dem Blumen- und Pflanzenberge". Vor dem Haus, das als Gedenkstätte für den Dichter, Staatsmann und Naturforscher eingerichtet ist, wächst ein Ginkgobaum aus Goethes Zeiten; ein Gewächs, das er auch bedichtete. Andere Wohnstätten Goethes waren das Schloss, an dessen Stelle sich nun die Universität befindet, und die „Grüne Tanne",

---

Stadtmuseum „Göhre"

Markt 7
07743 Jena
Tel.: 0 36 41/3 59 80
Wiedereröffnung 2005
geöffnet ist im Anbau die
Galerie „Neue Göhre"
Kunstausstellungen
Öffnungszeiten
Di.–So. 10–7 Uhr,
Mi. bis 18 Uhr
Eintritt
Erwachsene € 3,–,
ermäßigt € 1,50

Botanischer Garten

Goethe-Gedenkstätte

Fürstengraben 26
07743 Jena
Tel.: 0 36 41/94 90 09
Öffnungszeiten
Mi.–So. 11–15 Uhr,
Nov.–März geschlossen
Eintritt
Erwachsene € 1,–,
ermäßigt € 0,50,
Führungen kostenlos

Botanischer Garten

Fürstengraben 26
07743 Jena
Tel.: 0 36 41/94 92 74
Öffnungszeiten
15. Mai–14. Sept.
9–18 Uhr, 15.Sept.–
14. Mai 9–17 Uhr
Eintritt
Erwachsene € 1,–,
ermäßigt € 0,50

die als historisches Restaurant in der Karl-Liebknecht-Straße zu finden ist.

Wer wissen will, welches Verhältnis Goethe und die junge Silvie von Ziegesar, die später einen Herrn Koethe heiratete, hatten, besucht im Südosten der Stadt die Drackendorfer Heimatstuben. An der Drackendorfer Kirche sind Gedenktafeln für Silvie und den Dichter angebracht, hinter dem Friedhof erstreckt sich der Goethe-Park mit dem Teehaus.

Zehn Jahre wirkte Friedrich Schiller in Jena, im Gartenhaus wohnte er mit seiner Familie während der Sommer von 1797 bis 1799. Im Garten steht noch der ovale Steintisch, an dem er oft mit Goethe zusammen saß.

J. J. Griesbach, ein Theologieprofessor, ließ sich 1784 ein spätbarockes Fachwerkhaus erbauen, das „Prinzessinnenschlösschen", ein Treffpunkt der Klassiker. Im Garten steht ein Goethe-Denkmal.

Das Wohnhaus des Philosophen Johann Gottlieb Fichte, der seit 1794 in Jena lehrte, war ein Mittelpunkt der Denker und Dichter. Das Romantikerhaus dient als Literaturmuseum, in dem Ausstellungen und andere Veranstaltungen stattfinden.

Romantikerhaus

Drackendorfer Heimatstuben

Dorfstr. 20
07747 Jena
Tel.: 0 36 41/33 30 95
▶ Öffnungszeiten
Do., Sa. und So.
14–16 Uhr
▶ Eintritt frei

Schillers Gartenhaus

Schillergässchen 2
07745 Jena
Tel.: 0 36 41/93 11 88
▶ Öffnungszeiten
Apr.–Okt. Di.–So.
11–15 Uhr, Nov.–März
Di.–Sa. 11–15 Uhr
▶ Eintritt
Erwachsene € 1,–,
ermäßigt € 0,50,
Führungen kostenlos

Griesbachsches Gartenhaus

Am Planetarium 7
07743 Jena
Tel.: 0 36 41/94 41 66
▶ Öffnungszeiten
1. Juni–31. Aug.
Di.–So. 11–15 Uhr
▶ Eintritt
Erwachsene € 1,–,
ermäßigt € 0,50,
Führungen kostenlos

Romantikerhaus

Unterm Markt 12a
07743 Jena
Tel.: 0 36 41/44 32 63
▶ Öffnungszeiten
Di.–So. 10–13 Uhr,
14–17 Uhr
▶ Eintritt
Erwachsene € 3,50,
ermäßigt € 1,50

Naturwissenschaft, Technik, Jenaer Glas

Mineralogische Sammlung

Sellierstr. 6
07745 Jena
Tel.: 0 36 41/94 87 14
Öffnungszeiten
Mo. und Do. 13–17 Uhr
Eintritt frei

Phyletisches Museum

Vor dem Neutor
07743 Jena
Tel.: 0 36 41/94 91 80
Öffnungszeiten
tägl. 9–16 Uhr
Eintritt
Erwachsene € 0,50,
ermäßigt € 0,25

Ernst-Haeckel-Haus

Berggasse 7
07745 Jena
Tel.: 0 36 41/94 95 00
Öffnungszeiten
mit Führungen Di.–Fr.
8.30, 10, 11.30, 14,
15.30 Uhr, Sa. nach
Voranmeldung
Eintritt
Erwachsene € 1,–,
ermäßigt € 0,50

Optisches Museum

Carl-Zeiss-Platz 5
07743 Jena
Tel.: 0 36 41/44 31 65
www.
optischesmuseum.de
Öffnungszeiten
Di.–Fr. 10–16.30 Uhr,
Sa. 11–17 Uhr
Eintritt
Erwachsene € 5,–,
ermäßigt € 4,–

Goethe als Naturwissenschaftler und Bergbauminister war an der Mineralogischen Sammlung beteiligt. Neben einheimischen Mineralien werden seltene Stücke aus aller Welt gezeigt, auch Tektiten (Gesteinsglas) und Meteoriten.

Das dem Griechischen entlehnte Wort „phyletisch" bedeutet: die Abstammung betreffend. So sind im Phyletischen Museum, 1907 von Ernst Haeckel gegründet, Präparate, Fossilien und Modelle versammelt, um die Entwicklung der Lebewesen bis zum Menschen anschaulich darzustellen.

Ernst Haeckel, Zoologe und Naturphilosoph (1834–1919), war der führende deutsche Vertreter der Abstammungslehre Charles Darwins. Haeckels ehemaliges Wohnhaus dient als Museum für das Leben und Werk des Wissenschaftlers.

Ernst Abbe (Eisenach 1840–1905 Jena) war Physiker und Sozialreformer, schuf die theoretischen Grundlagen der mikroskopischen Abbildung und die wissenschaftlichen Grundlagen für den Bau optischer Instrumente. Carl Zeiss (Weimar 1816–1888 Jena) war Mechaniker und gründete 1846 in Jena eine feinmechanisch-optische Werkstätte, die späteren Zeiss-Werke, in die Abbe als Mitinhaber eintrat und nach dem Tod von Zeiss in eine Stiftung umwandelte. Abbe und Zeiss gründeten zusammen mit dem Chemiker und Glastechniker Friedrich Otto Schott (Witten 1851–1935 Jena) die Jenaer Glaswerke Schott & Gen.

Auf dem Carl-Zeiss-Platz steht das Denkmal für Ernst Abbe. Der in Weimar tätige Henry van de Velde schuf den achteckigen „Ernst-Abbe-Tempel" von 1911; Constantin Meunier schuf die Reliefplatten, Max Klinger die Büste Abbes.

Das Volkshaus am Carl-Zeiss-Platz wurde 1901 bis 1903 auf Initiative Abbes mit Mitteln der Carl-Zeiss-Stiftung erbaut. Die größte Konzertorgel Thüringens ist hier zu hören. Musikalische und andere Veranstaltungen finden im Volkshaus statt.

Optische Instrumente aus fünf Jahrhunderten, Brillen, Geräte zur Augendiagnostik, Mikroskope, Fernrohre, Ferngläser, Fotoapparate, Guckkästen, die Laterna magica, sind im Optischen Museum der Ernst-Abbe-Stiftung zu sehen, auch die historische Zeisswerkstatt von 1866. Neben der kulturgeschichtlichen und technischen Entwicklung der optischen Geräte werden auch das Leben von Abbe, Zeiss und Schott dargestellt.

Das Zeiss-Planetarium der Ernst-Abbe-Stiftung, unweit der Goethe-Gedenkstätte, das älteste Planetarium der Welt, ist mit dem modernen leistungsfähigsten Planetariumsprojektor „Universarium" ausgestattet. Ein vielseitiges Programm an Vorführungen, Kinderprogrammen, Familienprogrammen, Laser- und Multivisionsshows wartet auf die Besucher.

■ **Zeiss-Planetarium**

Am Planetarium 5
07743 Jena
Tel.: 0 36 41/88 54 88
Fax: 0 36 41/46 12 46
www.planetarium-jena.de
▶ **Öffnungszeiten**
bitte erfragen
▶ **Eintritt**
Erwachsene € 5,–,
ermäßigt € 4,–,
Familien € 12,–,
Schülergruppen
€ 2,50 je Person
▶ **Kombi-Ticket**
Planetarium und
Optisches Museum
€ 8,–/€ 6,–/€ 18,–/
€ 3,50

Zeiss-Planetarium

„Cosmorama"

ist der Name des Planetariumsprojektors, der bis 1996 im Planetarium war, jetzt in der Goethe-Galerie zu jeder vollen Stunde die Sternenwelt zeigt.

Schott Glas Museum

Otto-Schott-Str. 13
07745 Jena
Tel.: 0 36 41/68 17 65
Öffnungszeiten
Di.–Fr. 13–18 Uhr
Eintritt frei

Imaginata

Umspannwerk
Löbstedter Str. 67
07749 Jena
Tel.: 0 36 41/88 99 20
Öffnungszeiten
1. Mai–Mitte/
Ende Okt. Mo.–Fr.
nach Anmeldung
9–13 Uhr, So. 10–18 Uhr
Eintritt
Erwachsene € 4,50,
ermäßigt € 3,–

Pelzer-Werkstatt

Historische
Maschinenschlosserei
Fischergasse 1
07743 Jena
Tel.: 0 36 41/82 68 67
Öffnungszeiten
Di.–Fr. 10–13 Uhr,
14–16 Uhr, letzt.
Wochenende im
Monat Sa. 14–16 Uhr,
So. 10–13 Uhr
Eintritt
Erwachsene € 1,–,
ermäßigt € 0,50

Wo Schott 1884 sein Glastechnisches Laboratorium gründete, ist im Schott Glas Museum die Technologie- und Produktgeschichte dokumentiert. Die Ausstellung der Exponate wird durch Bild- und Filminszenierungen ergänzt.

In einem ehemaligen Umspannwerk ist ein großer Stationenpark zur Erkundung naturwissenschaftlicher Phänomene eingerichtet. „Imaginata" ist ein Experimentarium für alle Sinne.

In die Technikgeschichte führt ein Besuch der Pelzer-Werkstatt, eine original erhalten gebliebene und betriebsfähige Schlosserei aus dem Jahr 1909. Nach vorheriger Anmeldung können Schulklassen und Gruppen sich im Schmieden und Zinngießen versuchen.

Jena

Außerhalb der Stadtmauern

Der Saale-Radwanderweg verläuft längs des Flusses. Geführte Radwanderungen vermittelt die Tourist-Information. Um die Stadt herum führt der 100-km-Rundwanderweg. Geführte Wanderungen, zum Beispiel Geologische Wanderungen, gibt es auch über die Tourist-Information. Der Naturschutzbund führt Wanderungen durch das Orchideengebiet von Jena durch. Der blühende Reichtum der 32 Arten kann während der Hauptblütezeit Mitte Mai bis Mitte Juni bewundert werden.

Wer auf dem Rücken der Pferde durch die Natur galoppieren möchte, meldet sich beim Reitsportzentrum. Und wer sich Jena und seine Umgebung von oben anschauen will, meldet sich beim Fliegerclub.

Ein Ausflug in die Geschichte führt nach Cospeda. Am 14. Oktober 1806 schlugen napoleonische Truppen die Preußen in der Schlacht bei Jena und im nördlich bei Bad Sulza gelegenen Auerstedt. Im Museum 1806 werden Vorgeschichte und Verlauf der Schlacht erläutert. Führungen, Wanderungen und Rundfahrten über das Schlachtfeld vermittelt die Tourist-Information Jena.

Tourist-Information Jena
Tel.: 0 36 41/80 64 00

Orchideen-Wanderungen
Naturschutzbund
Tel. 0 36 41/60 57 04

Reitsportzentrum
Im Wehrigt 10
07747 Jena-Burgau
Tel.: 0 36 41/35 88 00/44 21 30

Fliegerclub Carl Zeiss Jena e. V.
Flugplatz
07646 Schöngleina
Tel.: 03 64 28/4 06 69
▸ Rundflüge
Segelflug Sa. und So.
Motorflug tägl.

Museum 1806
07751 Cospeda
Tel.: 0 36 41/82 09 25
▸ Öffnungszeiten
1. Apr.–30. Nov.
Mi.–So. 10–13 Uhr, 14–17 Uhr; 1. Dez.–31. März Mi.–So. 9–13 Uhr, 14–16 Uhr
▸ Eintritt
Erwachsene € 3,–, ermäßigt € 1,50
▸ Führungen
für Gruppen tägl.

BADE-TIPP

Nach einem schönen Tag in Jena lädt GalaxSea, das Sport- und Spaßbad mit Sauna, zum Baden unter Sternen ein.
GalaxSea
Freizeitbad Jena
Rudolstädter Str. 37
07745 Jena
Tel.: 0 36 41/42 92 10
Fax: 0 36 41/42 92 32
www.GalaxSea-Jena.de
Öffnungszeiten
Mo. 13–22 Uhr, Di.–Do. 10–22 Uhr, Fr. und Sa. 10–23 Uhr, So. 10–22 Uhr

Auf der Höhe des Waldgebirges zieht sich der Rennsteig längs, an den Abhängen und in den Tälern laden Dörfer und Städte ein, in denen sich Handwerk und Technik entfalteten, Kunst und Kultur befördernd. Auf den Bergen thronen Burgen, in die Berge führen Höhlen und die Stollen der Bergwerke. Für die Genießer der Waldeinsamkeit ist das Gebiet des Thüringer Waldes ebenso ein Paradies wie für die Erlebnishungrigen, die hier eine Vielfalt an Erlebnismöglichkeiten finden – vom Theater bis zur Dampflok-Nostalgie, vom Weihnachtsland bis zum Wintersport.

Thüringer Wald

Natur, Kultur, Technik, Sport

Tourismusverband Thüringer Wald e. V.

August-Bebel-Str. 16
98527 Suhl
Tel.: 0 36 81/3 94 50
Fax: 0 36 81/39 45 11
E-mail: info@thueringer-wald.com
www.thueringer-wald.com

WANDER-TIPPS

14 Rennsteig-Touren verschiedener Art hat Horst Wirthwein organisiert und ermöglicht so „Wandern ohne Gepäck". Informationen und Buchungen beim

Gothaer Reisebüro
Schlossberg 12
99867 Gotha
Tel.: 0 36 21/3 05 70
Fax: 0 36 21/3 05 78
E-mail: info@gothaer-reisebuero.de
www.gothaer-reisebüro.com

Weitere Wandertipps und Reiseangebote zum Wandern, Walking, Radwandern, Wasserwandern, Reitwandern, Winterwandern im Katalog THÜRINGEN WANDERBAR

Thüringen Tourismus Service Center
Weimarische Str. 45
99099 Erfurt
Tel.: 03 61/3 74 20
Fax: 03 61/3 74 23 88
E-mail: service.ttg@t-online.de
www.thueringen-tourismus.de

Rennsteig – auf den Höhen des Thüringer Waldes

„Auf Bergesscheiteln läuft ein alt Geleise, oft ganz verdeckt vom Farnkrautüberschwung", schwärmte der Spätromantiker Viktor von Scheffel im 19. Jahrhundert, „ein Bergpfad ist's! Die Städte flieht er und keucht zum Kamm des Waldgebirgs hinauf, durch Laubgehölz und Tannendunkel zieht er und birgt im Dickicht seinen scheuen Lauf ... Der Rennsteig ist's, die alte Länderscheide, die von der Werra bis zur Saale rennt ..."

Der Rennweg ist ein alter Scheide- oder Grenzweg, diente der schnellen Fortbewegung, so dass wohl schon die Kelten, dann die Franken und Thüringer diesen Verbindungsweg übers Gebirge nutzten.

Als Wanderweg ist der 168,3 Kilometer lange mit einem R gekennzeichnete Rennsteig der bekannteste Höhenweg Deutschlands, zugleich Teil des Europäischen Fernwanderweges E 3 und des Internationalen Bergwanderweges EB Eisenach-

THÜRINGER WALD HIGHLIGHTS

Bad Salzungen – Keltenbad und Erlebnis Bergwerk	70
Schmalkalden – Ein hessisches Schloss in Thüringen	73
Trusetal – Wasserfall und Zwerge	76
Zella-Mehlis – Thüringer Weihnachtsmarkt	78
Oberhof – Wintersport und Sommerspaß	80
Meiningen – Theater und Dampflok-Nostalgie	88
Sonneberg – Deutsches Spielzeugmuseum	100
Lauscha – Weihnachtsland	101
Gräfenroda – Gartenzwerge und Glasbläser	106
Arnstadt – Drei Gleichen	108

Budapest. In Hörschel, einige Kilometer westlich von Eisenach, am Zusammenfluss von Hörsel und Werra beginnt er, um sich über die Höhen des Thüringer Waldes, dann des Thüringer Schiefergebirges bis zum Frankenwald fortzusetzen.

Seit dem Jahr 2000 gibt es den 195 Kilometer langen Rennsteig-Radwanderweg, der auf den meisten Teilstrecken identisch mit dem Wanderweg ist.

Kittelsthal

Tropfsteinhöhle

Abseits vom Rennsteig, östlich von Erfurt über die B 88 ist Kittelsthal zu erreichen. Der Weg zur Tropfsteinhöhle ist ausgeschildert. 228 Treppenstufen führen hinab in den Wolfsberg. In 48 Meter Tiefe öffnet sich die 30 000 Jahre alte Höhle und offenbart ihre Naturwunder.

BUCH-TIPP

Der erfahrene Wanderführer Horst Golchert hat das nützliche Buch **„Rennsteig"**, angereichert mit Geschichten, im Verlag „grünes herz" veröffentlicht. Im selben Verlag ist von Lutz Gebhardt erschienen **„Der Rennsteig-Radwanderführer. Von Hörschel nach Blankenstein"**

■ Tropfsteinhöhle

99843 Kittelsthal
► **Öffnungszeiten**
Apr.–Okt. Di.–Fr. 9–17 Uhr, Sa., So. und Feiert. 10–18 Uhr
► **Eintritt**
Erwachsene € 3,–, Schulklassen € 1,– je Kind; Mindestalter 3 Jahre

mini-a-thür

mini-a-thür

Geschwister-Scholl-Str.
99842 Ruhla
Tel.: 03 69 29/8 00 08
Öffnungszeiten
Mitte Apr.–Okt. tägl.
10–18 Uhr
Eintritt
Erwachsene € 4,–,
ermäßigt € 3,50,
Familien € 10,–

Modellbauwerkstatt/Schauwerkstatt

Karolinenstr. 46
99842 Ruhla
Tel.: 03 69 29/6 09 04
Fax: 03 69 29/6 09 06
E-mail: info@mini-a-thuer.de
www.mini-a-thuer.de

In Ruhla, zwischen der B 19 und der B 88 südlich von Eisenach, lädt der Miniaturenpark „mini-a-thür" ein, auf einer Fläche von etwa 18 000 Quadratmetern alle bedeutenden Bauwerke Thüringens anzuschauen – im Maßstab 1 : 25. Zum Park gehören Wiesen, Teiche, Bäche, Wasserfälle, ein Kinderspielplatz, ein kleines Freigehege, eine Kindereisenbahn, eine Modellbootanlage und Gaststätten.

Bad Salzungen

Keltenbad und Erlebnis Bergwerk Merkers

Im Werratal, über die B 62 und mit der Bahn zu erreichen, liegt Bad Salzungen. Um den Burgsee gruppieren sich die Bauwerke und Kliniken der Stadt. Seit 2000 gibt es das einzigartige Keltenbad. Das Therapiezentrum mit großzügigem Fitnessbereich gehört dazu, das Solebewegungsbad mit einer Wasserfläche von 450 Quadratmetern und Bewegungsbecken, Gegenstromanlage, Massagedüsen,

Kurverwaltungsgesellschaft Bad Salzungen mbH

Tourist-Information
Am Flößrasen 1
36433 Bad Salzungen
Tel.: 0 36 95/69 34 20
Fax: 0 36 95/69 34 21
E-mail: Kur.basa@t-online.de
www.badsalzungen.de

Inhalationshalle

Sprudelliegen, Luftsprudelplatten, Solegrotte, 16%-Solebecken, Kinderbecken, Solarium. In der großen, vielfältigen Saunalandschaft, im keltischen Stil gestaltet, gibt es auch eine Druidenschwitze. Das historische Gradierwerk mit verschiedenen Inhalationsmöglichkeiten ist mit moderner medizinischer Technik ausgestattet.

Was machen die Besucher zwischen Badespaß, Therapie und Saunafreuden? Am See liegt der Haunsche Hof; das Renaissancegebäude ist Ort vielfältiger Veranstaltungen. Sehenswert sind die historischen Gebäude wie die barocke Schnepfenburg an der Stelle einer Befestigung aus dem 12. Jahrhundert zur Sicherung der Solevorkommen. Das Schloss Wildprechtroda ist eine ehemalige Wasserburg mit Renaissancefassade. Im „Türmchen", einem Fachwerkhaus von 1499 mit Glockenturm, ist das Stadt- und Heimatmuseum zu besichtigen. Ein Ausflugsziel ist die Kunstruine Frankenstein, die 1891 errichtet wurde.

Das Werratal entlang nach Westen führt zum Erlebnis Bergwerk Merkers. Hier heißt es „Glück

Erlebnis Bergwerk Merkers

■ **Keltenbad**

Am Flößrasen 1
36433 Bad Salzungen
Tel.: 0 36 95/6 93 40
Fax: 0 36 95/69 34 22
www.keltenbad.de
▶ Öffnungszeiten
Bad tägl. 10–22 Uhr
Sauna Mo.–Fr.
13–22 Uhr, Sa., So. und Feiert. 10–22 Uhr
▶ Eintritt
Solebewegungsbad
2 Stunden € 6,–,
Familienkarte € 15,–
Sauna/Bewegungsbad 3 Stunden € 11,–,
Familienkarte € 28,–

■ **Haunscher Hof**

Unter den Linden 4
36433 Bad Salzungen
Informationen über Kulturverein
Tel.: 0 36 95/85 28 40

■ **Türmchen**

Stadt- und Heimatmuseum
August-Bebel-Str.
36433 Bad Salzungen
Tel.: 0 36 95/60 62 49
▶ Öffnungszeiten
Di. 12–16 Uhr, Mi. und Do. 8–16 Uhr,
Fr. 8–12 Uhr, So. und Feiert. 14–17 Uhr
▶ Eintritt
Erwachsene € 1,–,
ermäßigt € 0,50

| **Erlebnis Bergwerk Merkers**
Zufahrtstr. 1
36480 Merkers
Tel.: 0 36 95/61 41 01
Fax: 0 36 95/61 24 72
www.erlebnisberg-werk.de
Öffnungszeiten
Führungen Di.–So.
9.30 und 13.30 Uhr
Eintritt
Erwachsene € 20,–,
ermäßigt ab € 12,–

auf" und mit dem Förderkorb geht es 500 Meter in die Tiefe und auf eine 20 Kilometer lange Tour. Die Geschichte und Technik des Kalibergbaus ist zu erleben, in einem riesigen Bunker ist der größte Konzertsaal unter Tage, im Goldraum sind die Besucher auf der Spur des legendären Reichsbank-Schatzes, in 800 Meter Tiefe offenbart sich die in der Welt einmalige Kristallgrotte.

Wasungen

Garten, Burg, Märchenhöhle

Tourist-Information
Untertor 1
98634 Wasungen
Tel.: 03 69 41/7 15 05
Fax: 03 69 41/7 07 75
E-mail: tourist-info.wasungen@t-online.de

Stadtführungen
für Gruppen € 1,50 je Pers., Mindestgebühr € 20,–

Stadtmuseum
Untertor 1
98634 Wasungen
Tel.: 03 69 41/ 7 15 05
Öffnungszeiten
Di.–Fr. 10–12 Uhr,
13–16 Uhr, Sa. 10–12 Uhr, So. 14–16 Uhr
Eintritt
Erwachsene € 1,–,
ermäßigt € 0,50

Das Werratal hinauf liegt an der B 19 die Stadt Wasungen, geschmückt mit vielen schönen historischen Bauwerken wie der mittelalterlichen Stadtmauer mit Judenturm und Pfaffenburg, den prächtigen Fachwerk-Adelshöfen aus dem 16. und 17. Jahrhundert.

Am Ortseingang Richtung Eisenach beginnt die Anlage des Forstbotanischen Gartens mit dem Lehrpfad, der bergauf zu einem Gesteinsgarten führt. Im Forstbotanischen Garten gedeihen über 500 Pflanzenarten, vorwiegend Bäume und Sträucher aus aller Welt.

Über der Stadt thront die Burg der Ritter von Wasungen aus dem 12. Jahrhundert, die später als beliebtes Ausflugsziel den Namen „Maienluft" erhielt. Ein Hotel und ein Restaurant laden hier zum Verweilen ein.

Die sieben Geißlein in der Märchenhöhle

Südlich der Stadt ist die Sandstein- und Märchenhöhle in Walldorf zu besichtigen. Die Höhle ist ein unterirdisches Labyrinth von 65 000 Quadratmetern Fläche, von 2500 Säulen getragen. Sie entstand durch den Abbau des feinen Sandes. Etwa 30 wunderschöne Märchenbilder nach den Brüdern Grimm und Ludwig Bechstein erfreuen nicht nur die Kinderherzen. In der Außenanlage gibt es einen Biergarten, ein kleines Tiergehege und einen Minifreizeitpark mit Modellbootanlage, Minibaggeranlage und Kinderautoscooter.

■ **Museum des Thüringer Karnevalsverbandes und des WCC**

Dieses Museum der Narrenstadt Wasungen ist im Aufbau

■ **Burg Maienluft**

Hotel/Restaurant
Maienluft 1
98634 Wasungen
Tel.: 03 69 41/78 40
Fax: 03 69 41/7 84 50

■ **Sandstein- und Märchenhöhle**

98639 Walldorf
Tel.: 0 36 93/8 99 10
Fax: 0 36 93/89 01 63
▶ **Öffnungszeiten**
März–Nov. tägl.
9–17 Uhr, Juni–Aug.
bis 18 Uhr
▶ **Eintritt mit Führung**
Erwachsene € 4,–,
ermäßigt ab € 3,–

Schmalkalden

Denkmäler der Reformation und der Technik

Wo die Schmalkalde in die Werra mündet, führt die Straße von der B 19 nach Osten, nach fünf Kilometern ist Schmalkalden erreicht; auch die Bahn bringt die Gäste hierher.

Die mittelalterliche Altstadt ist geprägt von den vielen Fachwerkhäusern und den „Steinernen Kemenaten", Steinhäusern mit gotischen Treppengiebeln.

■ **Tourist-Information**

Mohrengasse 1a
98574 Schmalkalden
Tel.: 0 36 83/40 31 82
Fax: 0 36 83/60 40 14
E-mail: info@schmalkalden.de
www.schmalkalden.de

Fachwerk in Schmalkalden

Stadtführungen

Apr.–Okt. Mo., Mi. und Sa. 11 Uhr ab Tourist-Information, Preis € 2,50 Theamtische Führungen für Gruppen „Historische Altstadtführung", „Schmalkalden eisern & evangelisch", „Iwein, ein Ritter aus König Artus´ Tafelrunde", „Türmergeschichten" nach Voranmeldung, Preis € 40,– bis 60,–

Pauschalangebote

mit 2 Übernachtungen mit Frühstück und vielen Extras und Überraschungen zu verschiedenen Themen wie „Iwein", „Renaissance", „Zu Gast am Hofe Wilhelms IV." über die Tourist-Information ab € 87,50 pro Person.

Stadtfest

mit Bartholomäusmarkt, Kunsthandwerkermarkt, Musikveranstaltungen, großem Umzug und Hirschessen, 5 Tage bis zum letzten Aug.-Wochenende

Am Altmarkt steht das Rathaus von 1419, hier erhebt sich auch die evangelische Stadtkirche St. Georg, 1437 bis 1509 erbaut; die Kirche hat zwei unterschiedliche Türme, im Südturm ist die Türmerstube, aus der von Mai bis Oktober jeden ersten und dritten Samstag der Türmer das Turmblasen tätigt. Durch die Mohren- und Steingasse führt ein kurzer Weg zum Lutherplatz mit dem Lutherhaus von 1520. Die Schlossberggasse führt hinauf zu Schloss Wilhelmsburg.

Als der Landgraf Wilhelm IV. zu Hessen-Kassel das Schloss von 1585 bis 1590 an Stelle der Burg Waltaff errichten ließ, war Schmalkalden eine hessische Enklave. In der protestantischen Schlosskirche ist eine hölzerne Orgel, die Daniel Meyer von 1587 bis 1589 konstruierte, zu sehen – und bei den Orgelkonzerten zu hören. Die höfische Kultur ist in den Schlossräumen zu besichtigen, eine Sammlung gusseiserner Ofenplatten, eine Replik des Gewölbes mit den Wandmalereien aus dem 13. Jahrhundert; die Fresken nach dem Iwein-Epos des Hartmann von Aue zählen zu den größten und schönsten weltlichen Fresken. „Aufbruch in die Neue Zeit" heißt die große Ausstellung zu Renaissance und Reformation. Die Bedeutung Schmalkaldens für die deutsche Geschichte kommt gebührend zur Geltung.

Die protestantischen Fürsten Deutschlands versammelten sich in Schmalkalden, hier schlossen sie 1531 den „Schmalkaldischen Bund", um ihren Glauben auch mit Waffengewalt zu verteidigen gegen den habsburgischen Kaiser Karl V. Zwischen 1530 und 1543 tagte der Schmalkaldische Bund acht mal in der Stadt. Beim Schmalkaldischen Fürstentag 1537 legte Luther Glaubensartikel vor, die Schmalkaldischen Artikel, die unverzichtbar waren. Es kam zum Schmalkaldischen Krieg, der 1546 begann, zunächst zu einer Niederlage der Fürsten führte. Auf dem Reichstag zu Nürnberg 1548 lehnten auch die katholischen Fürsten die absolute Vormachtstellung des Kaisers ab.

Als „Schmalkalder Artikel" waren die Eisenwaren und Werkzeuge aus der Stadt ein schon seit dem 14. Jahrhundert bekanntes Handelsgut, das den Reichtum der Stadt begründet hatte.

An der Gothaer Straße Richtung Brotterode ist die Neue Hütte, eine Hochofenanlage von 1835 zu besichtigen, in der bis 1924 einheimische Eisenerze zu Roheisen verhüttet wurden. Die allgemeine Entwicklung von Bergbau, Verhüttung und des Eisenhandwerks sind dargestellt, Maschinen zur Werkzeugherstellung und funktions-

■ **Schloss Wilhelmsburg**

Schlossberg 9
98574 Schmalkalden
Tel.: 0 36 83/40 31 86
Fax: 0 36 83/60 16 82
► **Öffnungszeiten**
Febr.–Okt. Di.–So.
9–17 Uhr, Nov.–Jan.
Di.–So. 10–16 Uhr
► **Eintritt**
Erwachsene € 3,50,
ermäßigt 2,–

■ **Technisches Denkmal Neue Hütte**

Gothaer Str.
98574 Schmalkalden-Weidebrunn
Tel.: 0 36 83/40 30 18
► **Öffnungszeiten**
Apr.–Okt. Mi.–So.
10–17 Uhr
► **Eintritt**
Erwachsene € 2,–,
ermäßigt 1,–

Technisches Denkmal Neue Hütte

Besucherbergwerk Finstertal

98574 Schmalkalden-Asbach
Tel.: 0 36 83/48 80 37
Öffnungszeiten
Apr.–Okt. Mi.–So.
10–17 Uhr
Eintritt
Erwachsene € 2,–,
ermäßigt € 1,–
Es gibt Kinderfeste
und verschiedene
Grubenfeste, Termine
bitte erfragen

Metallhandwerksmuseum

Hauptstr. 45
98587 Steinbach-Hallenberg
Tel. und Fax:
03 68 47/4 05 40
Öffnungszeiten
Di.–Fr. 10–16 Uhr,
Apr.–Okt. zusätzl.
Sa. 10–15 Uhr
Eintritt
Erwachsene € 2,–,
ermäßigt € 1,–
2. Sept.–So.
Schmiedefest

tüchtige Holzbohrer- und Nagelschmieden sind zu sehen.

Im östlichen Stadtteil Asbach ist das Besucherbergwerk „Finstertal" zugänglich. Bis 1934 in Betrieb, wurde die Anlage 1959 als Besucher- und Lehrbergwerk wieder eröffnet. 300 Meter Gangstrecken und Querschläge sind zugänglich. Ein kleines Museum zeigt die Geräte der Bergleute und die geologische Vielfalt unter der Erde.

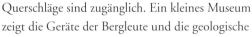

Von Asbach ist es nicht weit nach Steinbach-Hallenberg, wo in einem denkmalgeschützten Gebäude-Ensemble von 1826 mit Wohnhaus, Scheune, Schmiedewerkstatt und Bauerngarten das Metallhandwerksmuseum zu besichtigen ist.

Trusetal und Großer Inselsberg

Zwergen-Park und Inselsberg-Express

Trusetaler Tourismus GmbH

Liebensteiner Str. 4
98596 Trusetal
Tel.: 03 68 40/8 15 78
Fax: 03 68 40/82 48
E-mail:
info@trusetalthuer.de
www.trusetal-thuer.de

Von Schmalkalden und von der B 19 ist schnell Trusetal erreicht. Viele kommen hierher, um den Wasserfall zu erleben. An ihm empor führen 228 Stufen, das Wasser stürzt in drei Kaskaden

58 Meter tief zu Tal. Vom Trusetaler Wasserfall führt ein Wanderweg zum Besucherbergwerk Hühn.

„Zipfel auf!" heißt der Gruß der Gartenzwerge, die in einem etwa 5000 Quadratmeter großen Park leben; sie angeln, gärtnern, spielen mit Schneewittchen, freuen sich auf den Besuch von kleinen und großen Zwergenfreunden, die so nebenbei viel über die Nanologie erfahren, die Kunde von den Zwergen. Zum Beispiel wird die Frage beantwortet: Woher kommen die Zwerge? Vom Zwergenbaum natürlich. Die ganze Welt der wichteligen Kerle ist auch bei einer Fahrt mit der Bimmelbahn zu erfahren.

Der Große Inselsberg erhebt sich 916 Meter hoch. Rüstige Wanderer erklimmen ihn zu Fuß oder erreichen ihn auf dem Rennsteig. Von Tabarz, wo die Thüringerwaldbahn von Gotha ankommend endet, fährt der Inselsberg-Express, eine lustige Straßenlokomotive mit Fahrgastwagen, auf den Berg.

Trusetaler Wasserfall

in Betrieb Ostern-Okt.
▶ **Eintritt**
mit Gutschein Besucherbergwerk
Erwachsene € 1,–,
ermäßigt € 0,50

Besucherbergwerk Hühn

Eisensteinstr.
98596 Trusetal
Tel.: 03 68 40/8 10 87
▶ **Öffnungszeiten**
Apr.–Okt.
tägl. 10–17 Uhr
▶ **Eintritt**
Erwachsene € 4,–,
ermäßigt € 2,–
Führungen mit Grubenbahn

Zwergen-Park

Brotteroder Str. 55
98596 Trusetal
Tel.: 03 68 40/8 08 97
Fax: 03 62 59/5 77 88
▶ **Öffnungszeiten**
Ostern–Ende Okt.
tägl. 9.30–17 Uhr,
bei schönem Wetter auch länger
▶ **Eintritt**
Erwachsene € 3,–,
ermäßigt € 2,50
▶ **Feste**
zur Saisoneröffnung,
Kindertag Anf. Juni,
Sommerfest im Aug.,
Oktoberfest im Okt.

Inselsberg-Express

Frank Ullrich
99891 Tabarz
Tel.: 03 62 59/57 70
Fax: 03 62 59/5 77 88
▶ **Fahrplan**
Ostern–Ende Okt.
tägl. 10–17 Uhr im Pendelverkehr

Vom ganzjährigen Weihnachtsmarkt zum Meeresaquarium

Die Stadt inmitten von Bergen ist das Ziel von Erholungssuchenden, Wanderern und Wintersportlern. Sie erreichen die Stadt südöstlich von Schmalkalden über die B 247, die B 280 oder per Bahn. Der Hausberg von Zella-Mehlis ist der 866 Meter hohe Ruppberg. Die Tourist-Information im schönen denkmalgeschützten Bürgerhaus, einem Fachwerkbau von 1684, in dem auch eine Galerie und der Kunstkeller zu besichtigen sind, schlägt 10 Wandertouren rund um die Stadt vor.

Zella und Mehlis waren einst bedeutende Orte der Produktion von Werkzeugen, Büromaschinen, Fahrzeugen und Waffen; Carl Walther, der Fabrikant berühmter Pistolen, stammte von hier. Im Ende 2002 neu eröffneten Stadtmuseum in der ehemaligen Herzoglich-Sächsischen, dann Thüringischen Beschussanstalt werden neben der Stadt- vor allem die Technikgeschichte, auch die Textilherstellung nebst einheimischen Trachten vorgestellt.

Im Lubenbachtal befand sich eine Sägemühle mit zwei Wasserrädern, die 1842 von einer Schmiedefirma übernommen und 1918 zu einer Gesenkschmiede umgebaut wurde. Heute ist die Anlage neben der B 247 ein technisches Museum mit den ältesten Brettfallhämmern Deutschlands und vielen Werkzeugen

---

Tourist-Information

Bürgerhaus
Louis-Anschütz-Str. 28
98544 Zella-Mehlis
Tel.: 0 36 82/48 28 40
Fax: 0 36 82/48 71 43
E-mail: touristinfo@zella-mehlis.de
www.zella-mehlis.de

Wander-Tipps

in der Broschüre „Wandern rund um Zella-Mehlis", erhältlich bei der Tourist-Information.
in der ehemaligen Beschussanstalt

Stadtmuseum

Anspelstr. 25
98544 Zella-Mehlis
Tel.: 0 36 82/46 46 98
Öffnungszeiten
Di.–Fr. 10–17 Uhr
Eintritt
Erwachsene € 1,–,
ermäßigt € 0,50

und Maschinen. Im Museum gibt es Schmiedevorführungen, und wer will, formt selbst den glühenden Stahl.

Unzählige Besucher zieht es in die Bahnhofstraße, aus vielen Gründen. Hier ist das Traditionshotel „Erbprinz", in dem auch die Familie Thorwirth ihre Schauglashütte eingerichtet hat, in der man den Glasbläsern und Glasschleifern bei der Arbeit zuschauen kann. Die zugehörige Gaststätte „Zur Glashütte" verwöhnt mit Thüringer Spezialitäten, Musik und Tanz. Wenige Schritte weiter haben die Thorwirths das ganze Jahr über ihren Thüringer Weihnachtsmarkt geöffnet, in dem es original bemalten Christbaumschmuck gibt, Pyramiden, Räuchermänner, Nussknacker und alles, was zum Fest gebraucht wird. In der Werkstatt kann man den

EINKAUFS-TIPP

Neben Christbaumschmuck und Weinachts-Utensilien sind die Thüringer Lebkuchen und anderes Backwerk nach alten Rezepten zu empfehlen; es gibt auch Ökoprodukte in der
Thüringer Lebkuchen GmbH
Beethovenstr. 18
98544 Zella-Mehlis
Tel.und Fax: 0 36 82/4 11 60
Betriebsbesichtigung und Ladenverkauf ganzjährig, Verkostung mit Kaffee kann vereinbart werden.

Künstlern bei der Arbeit zuschauen und sie nach eigenen Wünschen arbeiten lassen.
Es gibt Haie in Thüringen. Im „Erlebnispark Meeresaquarium" fühlen sie sich in zwei Haifischaquarien mit 50 000 und 100 000 Litern Wasser wohl. Auf über 4000 Quadratmeter Ausstellungsfläche

---

Technisches Denkmal Gesenkschmiede Lubenbach

Lubenbach 4
98544 Zella-Mehlis
Tel.: 0 36 82/47 90 39
Fax: 0 36 82/47 90 38
▶ Öffnungszeiten
Mo.–Fr. 10–16 Uhr,
von Mai–Okt. auch
So. 14–16 Uhr
▶ Eintritt
Erwachsene € 1,50,
ermäßigt € 1,–
Museumspädagogisches Programm für Schüler, Lehrlinge und andere auf Anfrage

Thüringer Weihnachtsmarkt

Bahnhofstr. 54
98544 Zella-Mehlis
Tel.: 0 36 82/4 61 10
Fax: 0 36 82/48 79 81
▶ Öffnungszeiten
Mo.–Fr. 9–18 Uhr,
Sa. und So. 10–16 Uhr
▶ Eintritt frei

Thüringer Schauglashütte

Bahnhofstr. 14
98544 Zella-Mehlis
Tel.: 0 36 82/48 79 79
Fax: 0 36 82/48 79 81
▶ Öffnungszeiten
tägl. 10–17 Uhr
▶ Eintritt frei
Gaststätte
„Zur Glashütte"
tägl. ab. 10 Uhr

Schwarzspitz-Riffhai

Erlebnispark Meeresaquaium

Beethovenstr. 16
98544 Zella-Mehlis
Tel.: 0 36 82/4 10 78
Fax: 0 36 82/48 61 34
Öffnungszeiten
tägl. 10–18 Uhr
Eintritt
Erwachsene € 5,–,
ermäßigt € 4,–,
Familien € 12,–
So. 15 Uhr
Haifischfütterung

lässt sich die farbenprächtige tropische Unterwasserwelt erleben. In einem eigenen Krokodilhaus leben verschiedene Arten von Krokodilen. Das Erlebnis der Wasserwelt wird ergänzt durch Gastronomie und eine große Außenanlage mit Koi-Teichen.

Oberhof

Wintersport und Sommerspaß

Der Luftkur- und Wintersportort, direkt am Rennsteig gelegen und bequem über die B 247 zu erreichen, ist dank seiner Berge ein Freizeitspaß für alle zu allen Jahreszeiten. Wo im Winter die Skiläufer und Rodler die Pisten bevölkern, tummeln sich in den übrigen Jahreszeiten die Spaziergänger und Wanderer. Die Oberhof-Information hat eine Reihe unterschiedlicher Wanderungen ausgearbeitet – von kleinen Strecken längs des Moorlehrpfads bis zu etwa 15 Kilometer langen Strecken durch die Umgebung und auf die Berge.

Kurverwaltung Oberhof-Information

Crawinkler Str. 2
98559 Oberhof
Tel.: 03 68 42/26 90
Fax: 03 68 42/2 69 20
E-mail: information@oberhof.de
www.oberhof.de

Stadt- und Sportstättenführung

durch die Kurverwaltung mit Besichtigung einer der größten Sprungschanzen der Welt, der Bob- und Rennrodelbahn, des Biathlonstadions nach Voranmeldung
Preis
je Busgruppe € 45,–
Wanderungen
mit Führung vermittelt die Kurverwaltung

Die Sportstätten von Oberhof sind gleichermaßen für Aktive wie für Zuschauer interessant. Wettkämpfe im Biathlon, Skispringen, Langlauf, Rodeln, Skeleton und Bob werden hier ausgetragen. Die Biathlon-WM 2004 wird in Oberhof veranstaltet. Ein neuer 800 Meter langer Skihang mit kindergemäßem Lift, Flutlicht und Beschneiungsanlage lockt Abfahrtsläufer und Snowborder. Wo Olympiasieger und Weltmeister trainieren, können Sportbegeisterte auf der Bob- und Rennrodelbahn abwärts sausen. Das Ice-Rafting im Winter findet auf einer Strecke von 1100 Metern mit 14 Kurven statt, Höchstgeschwindigkeit etwa 70 km/h. Beim Gäste-Bobfahren auf Kunsteis auf einer Strecke von 700 Metern mit 7 Kurven bei 90 km/h sitzen ein Pilot und drei Fahrgäste im Bob. Der Sommerbob ist ein schnittiger Bob auf Rädern, der auf der langen Strecke mit einem Piloten und vier Gästen mit 75 km/h zu Tal saust.

Gruppen oder Firmen können im Biathlon-Stadion ihre Schützenkönige ermitteln.

Das ganze Jahr gibt es Fitness und Badevergnügen in den Rennsteig-Thermen mit Wildwasserkanal, Riesenrutsche, Hot-Whirl-Pools, Strömungskanal, Geysiren, Massagedüsen, Innen- und

Bob- und Rennrodelbahn

Rennsteig-Thermen GmbH
Gästefahrten
Tel.: 03 68 42/29 20
www.RennsteigThermen.de

Ice-Rafting
€ 11,–,
ermäßigt ab € 5,–

Original Viererbob
mit Weltmeistern und Olympiasiegern als Piloten nach Voranmeldung

Sommer-Bob
€ 11,–,
ermäßigt ab € 5,–

800-Meter-Skihang

Rennsteig-Thermen GmbH
Tel.: 03 68 42/2 14 05
Fax: 03 68 42/2 14 06
www.RennsteigThermen.de

Öffnungszeiten
Winter tägl. 9–16 Uhr, 18–22 Uhr, Abendskilauf nach Schneelage Mi., Fr., Sa.

Preise
2 Std. € 9,70,
ermäßigt ab € 6,10,
1 Tag € 13,30,
ermäßigt ab € 9,70,
Nachtskilauf € 12,30,
ermäßigt ab € 8,70
Sommerlift
einfache Fahrt
Erwachsene € 3,–,
ermäßigt ab € 2,–
Berg- und Talfahrt
€ 5,50/3,–
Anmeldung

Biathlon-Schießen

Tel.: 03 68 42/2 21 16

Rennsteig-Thermen GmbH	
Im Gründle 98559 Oberhof Tel.: 03 68 42/29 20 Fax: 03 68 42/2 92 27	
Öffnungszeiten	tägl. 10–22 Uhr
Eintritt	Therme 2 Std. € 9,70, ermäßigt ab € 7,20 Saunawelt 2 St. € 12,80, ermäßigt ab € 10,20

Treff Hotel Panorama

Dr.-Th.-Neubauer-Str. 29
98559 Oberhof
Tel.: 03 68 42/500
Fax: 03 68 42/2 25 54
Sportzentrum
Tel.: 03 68 42/50 10 00

Thüringer Wintersport-Ausstellung

Crawinkler Str. 2
98559 Oberhof
Tel.: 03 68 42/5 22 37
Öffnungszeiten
tägl. 10–17 Uhr
Eintritt
Erwachsene € 2,–,
ermäßigt ab € 1,–

Exotarium

Crawinkler Str. 1
98559 Oberhof
Tel.: 03 68 42/2 14 04
Öffnungszeiten
tägl. 10–18 Uhr
Eintritt
Erwachsene € 4,50,
ermäßigt ab € 3,–
Schlangenfütterung
Mi. 15 Uhr,
Sonderführung
Fr. 11 Uhr mit
Überraschung

Außen-Freizeitbad, Sonnenwiese, Kinderbecken, Saunawelt, Solarien, Hydrojet und anderen Spaßmöglichkeiten. Unter einer großen Glaskuppel öffnet sich die mit 30°C beheizte Thermenhalle.

Das moderne Wahrzeichen Oberhofs ist die wie aus zwei Sprungschanzen gebildete Pyramide des Treff Hotels Panorama, das mit allen denkbaren Annehmlichkeiten, Einrichtungen und Animationen die Gäste verwöhnt. Besonders die Kleinen genießen besondere Aufmerksamkeit. Neben dem Hotel befindet sich das Panorama Sportzentrum mit Tennishalle, Squash-, Badminton-, Volleyball-Plätzen und einer neun Meter hohen Kletterwand.

Es wundert nicht, dass in Oberhofen eine Wintersport-Ausstellung zu besichtigen ist, in dem mittels vielfältiger Exponate und Videos zu erleben sind: Ursprünge des Skisports, Entwicklung der Nordischen Disziplinen, Olympische Winterspiele seit Chamonix

1924, Patrouillenlauf und Biathlon, Traditionen des Eissports, Rodeln und Bobsport.

Die Oberhof-Information bereitet ein reiches Veranstaltungs-Programm für Kinder und Erwachsene, einzelne und Gruppen. Dazu gehören auch ein Besuch des Exotariums mit Riesen- und Giftschlangen, Schildkröten, Echsen und Amphibien, Spinnen, Insekten und anderen Gliedertieren wie auch des Rennsteiggartens rund um den 868 Meter hohen Pfanntalskopf südöstlich von Oberhof, wo etwa 4000 Gebirgspflanzen aus aller Welt zu bewundern sind.

> ### ■ Rennsteiggarten
>
> an der B 247/Rondell
> 98559 Oberhof
> Tel.: 03 68 42/2 22 45
> www.rennsteiggarten-oberhof.de
> ▶ Öffnungszeiten
> Mai–Sept.
> tägl. 9–18 Uhr,
> Okt. tägl. 9–17 Uhr
> ▶ Eintritt
> Erwachsene € 2,50,
> ermäßigt ab € 1,–
> Kinder unter 6 und
> Rollstuhlfahrer frei

Suhl

Waffen, Weltall, Wanderwege

Die fünftgrößte Stadt Thüringens liegt am Rennsteig und ist über die B 247 oder per Bahn zu erreichen. Ihre Bedeutung erlangte die Stadt durch Erzbergbau, Schmiedehandwerk, Waffenproduktion. Die Suhler belieferten die Heere Europas zunächst mit Hieb- und Stichwaffen und Rüstungen, dann mit Gewehren und Pistolen, die Herrscher mit kostbar verzierten Prunkwaffen, auch Jagd- und später Sportwaffen wurden in Suhl produziert.

Im ehemaligen Malzhaus, einem großen, langgestreckten Fachwerkbau, ist das Waffenmuseum zu besichtigen. Es ist das einzige Spezialmuseum seiner Art in Europa. Auch seltene alte Militär-, Jagd- und

> ### ■ Tourist Information
>
> im CCS Congress
> Centrum Suhl
> Friedrich-König-Str. 7
> 98527 Suhl
> Tel.: 0 36 81/72 00
> 52, 78 84 05
> Fax: 0 36 81/78 81 05
> E-mail: tourist-information@
> suhl-ccs.de
> www.ccs-suhl.com

Waffenmuseum Suhl

Friedrich-König-Str. 19
98527 Suhl
Tel.: 0 36 81/72 06 98
Fax: 0 36 81/72 13 08
E-mail: info@
waffenmuseumsuhl.de
www.waffen-
museumsuhl.de
Öffnungszeiten
Apr.–Okt. Di.–So.
9–17 Uhr, Feiert.
10–17 Uhr; Nov.–März
9–16 Uhr, Di.–Sa.
9–16 Uhr, So. und
Feiert. 10–16 Uhr
Eintritt
Erwachsene € 3,–,
ermäßigt € 2,–

Beschussamt Suhl

An der Hasel 2
98572 Suhl
Tel.: 0 36 81/3 96 40
Fax: 0 36 81/39 64 30
E-mail: bas@lmet.de
www.lmet.de

Schießsportzentrum Suhl

Schützenstr. 6
98527 Suhl
Tel.: 0 36 81/88 40
Fax: 0 36 81/88 42 00
Öffnungszeiten
tägl. 9–12 Uhr,
13–18 Uhr, außer So,
Feiert., bei Wettkämpfen
Schießzeiten-Vergabe
Sportl. Schießen
0 36 81/88 41 04
Jagdl. Schießen
0 36 81/88 41 08
Anschussstand
0 36 81/88 41 07

Sportwaffen sind zu sehen und ihre modernen automatischen Nachfahren. In zwei Schauwerkstätten wird über die Arbeit eines Rohrschmieds des 18. Jahrhunderts und eines Büchsenmachers um 1900 informiert. Im dem Museum angegliederten Historischen Fachwerkhaus sehen die Besucher das karge Leben einer Gewehrschäfterfamilie um 1920.

In der Waffenstadt Suhl gibt es ein Beschussamt, 1893 als Königlich-Preußische Beschussanstalt gegründet. In den historischen Anlagen und dem neuen Schießstand wird die Umsetzung der im Waffengesetz festgelegten Prüfpflicht für Handfeuerwaffen und Munition vorgenommen, auch Schutzwesten werden geprüft. Zum Tag des offenen Denkmals und bei Ausstellungen ist das Amt geöffnet.

Das Schießsportzentrum Suhl wurde anlässlich der Europameisterschaften 1971 eröffnet. Es ist eines der modernsten und am besten ausgestatteten Schießsportzentren der Welt. Es ist Trainingsstätte der Spitzensportler, Austragungsort vieler Meisterschaften und Ziel unzähliger Sportschützen.

In Suhl sind auch die Innung der Büchsenmacher zu Hause, die Berufsfachschule für Büchsenmacher und Graveure, Meisterbetriebe fertigen Jagd- und Sportwaffen, gravieren und verzieren sie auf kunstfertige Art. Die Suhler Schützenvereine und Schützengilden feiern alle zwei Jahre das große Schützenfest mit vielen Vereinen aus ganz Deutschland.

Die Suhler mit ihrer Geschicklichkeit und ihren technischen Fertigkeiten produzierten auch Fahrzeuge. Auf dem Gelände des ehemaligen VEB Fahrzeug- und Gerätewerks, in dem heute noch die legendären Simson-Motorräder fabriziert werden, stellt das Fahrzeugmuseum die hundertjährige Tradition des Suhler Fahrzeugbaus vor. Fahrräder, Motorräder, Motorroller und Automobile sind zu sehen. In der Waffenfabrik Simson wurde 1911 mit der Autoherstellung begonnen. Der Simson Supra war ein erfolgreicher Touren- und Sportwagen. Fahrzeuge mancher Europa- und Weltmeister sind ausgestellt, so der Formel-2-BMW von 1951, den Paul Greifzu siegreich über die Pisten steuerte. Nach dem Krieg hatte eine sowjetisch-deutsche Firma den Bau der Suhler Motorräder – Simson, Zehner, Rennsteig, BSW, Gustloff, KG – fortgesetzt; die Maschinen von Awtowelo erlangten unter dem Namen AWO Weltgeltung.

In die Technikgeschichte führt auch ein Besuch der Schillingschmiede an der Lauter. Seit dem 16. Jahrhundert schmieden die Schillings hier das Eisen. In der Gesenkschmiede ist die Geschichte dargestellt, für Besuchergruppen führt Gerhard Schilling den Brettfallhammer vor.

Von Suhl aus lässt sich die Weite des Himmels und des Weltalls erleben. Auf dem Hoheloh ist die Sternwarte und das Planetarium, die ihren Namen zu Ehren des russischen Weltraumwissenschaftlers Ziolkowski (1857–1935) tragen. Im Zeiss-Planetarium „Skymaster" werden Sterne und Sternbilder zum Erlebnis, in der Sternwarte werden am Tag die Sonne, bei

Suhler Schützenfest

alle 2 Jahre,
2003 u. s. w.
Ende Sept.

Fahrzeugmuseum Suhl

Meininger Str. 222
98529 Suhl-Heinrichs
Tel.: 0 36 81/70 50 04
▶ **Öffnungszeiten**
Apr.–Sept. Di.–So.
9–17 Uhr, Okt.–März
Di.–So. 10–16 Uhr
▶ **Eintritt**
Erwachsene € 3,–,
ermäßigt € 2,–

Technisches Denkmal Schillingschmiede

Schneid 11
98527 Suhl
Tel.: 0 36 81/72 24 87
▶ **Öffnungszeiten**
nach Voranmeldung
▶ **Eintritt**
Erwachsene € 2,–,
ermäßigt € 1,–

Sternwarte und Planetarium „K. E. Ziolkowski"

Hoheloh
98527 Suhl
Tel.: 0 36 81/72 35 56
Vorführungen
jeden 2. und letzten Sa. im Monat 15 Uhr, Gruppen nach Voranmeldung
Eintritt
Erwachsene € 2,60, ermäßigt € 1,60

Ottilienbad

im Congress Centrum Suhl
Friedrich-König-Str. 7
98527 Suhl
Tel.: 0 36 81/78 83 08
www.ottilienbad.de
Öffnungszeiten
tägl. 9–21 Uhr
Eintritt
Erlebnisbad 2 Std.
Erwachsene € 5,10, ermäßigt € 3,60

Der unvergessene Herbert Roth

Nacht Mond, Planeten, die Milchstraße und ferne Galaxien beobachtet. Eine astronomisch-astronautische Ausstellung und Vorträge ergänzen das Angebot.

Vom Weltraum in die Wasserwelt des Erlebnisbads. Im Congress Centrum Suhl, Ort vielfältiger Veranstaltungen, ist das Ottilienbad eingerichtet, zu dem Sauna, Fitness-Studio und Solarium gehören. Otti veranstaltet für Kinder die beliebten Otti-Feten.

Das Vorbild für den Badespaß-Otti, der Wasserotter, lebt im Tierpark – zusammen mit 500 anderen Tieren wie Bären, Wildkatzen, Luchsen, Thüringer Waldziegen und vielen anderen Waldtieren, Uhus, Eulen, vielen anderen Vögeln. Der Haltung und der Zucht vom Aussterben bedrohter Haus- und Wildtiere gilt im Tierpark besondere Aufmerksamkeit. Für die Kinder gibt es einen Streichelzoo und Ponyreiten.

Suhl, von den höchsten Bergen des Thüringer Waldes umgeben, vom allerhöchsten, dem Großen Beerberg mit 982 Metern überragt, ist ein Wanderzentrum. 29,8 Kilometer lang ist der Gipfel-Wanderweg. Fünf Bergbau-Wanderwege lassen den Bergbau auf vielfältige Art zum Erlebnis werden. Ein kleiner Archäologischer Wanderweg führt auf den 648 Meter hohen Kirchberg. 25 Kilometer lang ist der Panoramaweg, der Herbert-Roth-Wanderweg rund um Suhl. Herbert Roth, dem im Historischen Fachwerkhaus des Waffenmuseums eine eigene Ausstellung gewidmet ist, wird „Vater der Volksmusik" genannt. Der berühmte Komponist, Musikant und Sänger Roth (1926–1983) ist unvergessen. Mit seinem Rennsteiglied, Text von Karl „Kaschi" Müller, wollen wir auf Wanderung gehen.

„Ich wandre ja so gerne am Rennsteig durch das Land, / den Beutel auf dem Rücken, die Klampfe in der Hand. / Ich bin ein lustger Wandersmann, so völlig unbeschwert, / mein Lied erklingt durch Busch und Tann, das jeder gerne hört …"

■ Tierpark Suhl

Carl-Fiedler-Str. 58
98527 Suhl
Tel.: 0 36 81/76 04 41
► **Öffnungszeiten**
tägl. 9–18 Uhr, im Winter bis 16.30 Uhr
► **Eintritt**
Erwachsene € 2,60, ermäßigt ab € 1,–

■ Wanderwege

Informationen von Tourist Information Suhl

Kühndorf

Kelten, Johanniter, Flieger

Zwischen Suhl und Meiningen an der B 280 liegt Kühndorf. Die fränkische Siedlung, vor über 1200 Jahren gegründet, ist von der einzigen in Deutschland erhaltenen Johanniterburg, 1315 vom Orden der Johanniter erbaut und später von den Grafen von Henneberg ausgebaut, überragt.

Der Keltenerlebnisweg führt hinauf zum Basaltkegel des Dolmar, der mit seinen 739 Metern die Landschaft beherrscht. Ein Ringwall und verschiedene Steinwälle künden davon, dass hier einst die Kelten siedelten. Das Charlottenhaus, benannt nach

■ Dolmar-Tourist-Information

Christeser Str. 29
98593 Kühndorf
Tel.: 03 68 44/4 02 99
Fax: 03 68 44/4 09 89
E-mail:
dolmar-tourist@
t-online.de
www.dolmar-tourist.de

Charlottenhaus

Johanniterburg

Schlossstr. 17
98547 Kühndorf
Tel.: 0 95 23/54 01
Fax: 0 95 23/54 03
Öffnungszeiten
Di.–Sa. 10–17 Uhr, So.
und Feiert. 14–17 Uhr
Eintritt
Erwachsene € 2,50,
ermäßigt € 1,50

Flugschule Am Dolmar

Am Flugplatz 1
98547 Kühndorf
Tel.: 03 68 44/4 61 02
E-mail: info@
flugschule-dolmar.de
www.
flugschule-dolmar.de

Tourist-Information

Bernhardstr. 6
98617 Meiningen
Tel.: 0 36 93/4 46 50
Fax: 0 36 93/44 65 44
E-mail: info@
meiningen.de
www.meiningen.de

der Schwester Kaiser Wilhelms II. und Gemahlin des Erbprinzen von Sachsen-Meiningen, steht auf dem Bergplateau. Seit 1930 sind die Segelflieger auf dem Keltenberg zu Hause. Die Flugschule „Am Dolmar" setzt die Fliegertradition fort. Schnupperflüge mit Ultraleichtflugzeugen verführen, in die Luft zu gehen und die Dolmarregion mit ihren vielen Sehenswürdigkeiten von oben zu erkunden.

Meiningen

Die Theaterstadt

Wo von Nord und Süd die B 19 auf die B 89 und B 280 trifft, liegt im Tal der Werra, auch per Bahn zu erreichen, die einstige Residenzstadt Meiningen. Die Stadt ist durch die „Meininger" weltberühmt; so wurde die Schauspieltruppe von Herzog Georg II. genannt, die im letzten Drittel des 19. Jahrhunderts mit ihren musterhaften Theaterinszenierungen durch Europa tourte und Staunen und Bewunderung erregte. Aus der Hofkapelle machte Hans von Bülow ein europäisches Spitzenorchester. Die Tourneen wurden unter Bülows Nachfolgern fortgesetzt; bis zum Ersten Weltkrieg ging Max Reger mit dem Orchester auf Reise.

Auch heute genießt das Meininger Theater einen hervorragenden Ruf. Die Freunde der Theaterkunst kommen von weither, um die Aufführungen im 1909 erbau-

ten Theater zu erleben. Das Gebäude, der letzte klassizistische Theaterbau Deutschlands, wurde an Stelle des abgebrannten Hoftheaters errichtet.

Hinter dem Theater erstreckt sich der romantische Englische Garten mit den Denkmälern für Johannes Brahms, Max Reger, den Märchendichter Ludwig Bechstein, den Dichter Jean Paul. In der Herzoglichen Gruftkapelle ist eine Ausstellung zum Englischen Garten zu sehen.

In der Reithalle im Schlosspark wird die „Zauberwelt der Kulisse" in einer Schau präsentiert. Kostüme, Requisiten, Figurinen und Rollenbücher sind ausgestellt.

Die Dreiflügelanlage des barocken Schlosses Elisabethenburg wurde 1682 bis 1692 als Residenz der Herzöge von Sachsen-Meiningen erbaut. Das Schloss, in dem Prinzessin Adelheid aufgewachsen war, die 1830 Königin von England wurde und nach der die australische Stadt Adelaide benannt ist, dient als Museum. Die Räume der Herzöge sind zu

■ **Stadtführungen**

Öffentliche Stadtführungen
Sa. 14 Uhr ab Tourist-Information
Preis € 3,–,
Kinder bis 12 frei
► **Themenführungen**
„Die Theaterstadt",
„Berühmte Musiker in Meiningen",
„Es war einmal – Auf den Spuren des Märchendichters Ludwig Bechstein",
„Von Brunnen zu Brunnen"
für Gruppen nach Voranmeldung
Preis € 42,–

Das Meininger Theater

■ **Pauschal-Angebote**

sind eine feine und günstige Art, Meiningen kennen zu lernen. Es gibt Angebote mit 1 oder 2 Übernachtungen mit Frühstück, Veranstaltungen vielerlei Art. Die Reisepakete heißen „Theater, Theater", „Zauberwelt der Kulisse", „Meiningen, die Heimstatt der Thüringer Klöße", „Erwachsene brauchen Märchen, Kinder ebenso", „Güldener Herbst – Festival für Alte Musik" und kosten ab € 78,–.
Information und Buchung
Tel.: 0 36 93/44 65 11
Fax: 0 36 93/44 65 44
www.meiningen.de

Das Meininger Theater

Südthüringisches
Staatstheater
Bernhardstr. 8
98617 Meiningen
Tel.: 0 36 93/45 11 36
Fax: 0 36 93/45 13 01
www.das-meininger-
theater.de
Führungen
durch das Theater mit
Blick hinter die
Kulissen nach
Voranmeldung.
Kartenvorbe-
stellungen
Tel.: 0 36 93/45 12 22
E-mail: Kasse@das-
meininger-theater.de

**Schloss
Elisabethenburg**

**Theatermuseum
Zauberwelt der
Kulisse**

In der Reithalle
Schlossplatz 2
98617 Meiningen
Tel.: 0 36 93/47 12 90
Fax: 0 36 93/
9 30 00 35
Öffnungszeiten
Präsentationen
Di.–So. 10, 12, 14 und
16 Uhr
Eintritt
Erwachsene € 2,50,
ermäßigt € 1,50

sehen, Werke der Malerei, der Bildhauerkunst und des Kunsthandwerks, die Meininger Theater- und Musikgeschichte. Oben im barocken Hessensaal lädt das Museumscafé ein.

Wenige Schritte vom Schloss entfernt ist in der Burggasse das Baumbachhaus als Literaturmuseum

eingerichtet. Die Bibliothek und das Wohnzimmer von Rudolf Baumbach, der das Lied „Hoch auf dem gelben Wagen" dichtete, zeigen die bürgerliche Wohnkultur des 19. Jahrhunderts. Die Ausstellung im Haus erinnert auch an Ludwig Bechstein, Jean Paul und Friedrich Schiller.

Bei einem Stadtbummel durch die historische Altstadt mit ihren Fachwerkhäusern ist auch die Stadtkirche unserer lieben Frau zu sehen, deren Bau im Jahr 1000 begonnen wurde.

Schön ist auch ein Spaziergang längs der Bleich-gräben, die von der Werra abzweigen und ihr wieder zufließen. Vom Schlosspark führt der mit einem J gekennzeichnete Johannes-Brahms-Wanderweg hin-auf zum Diezhäuschen auf dem Herrenberg; der Komponist weilte oft in der Stadt.

Über die Herrenberg- und die Helenenstraße ist die Goetz-Höhle zu erreichen. Deutschlands größte begehbare Kluft- und Spalthöhle, 1922 von dem Kaufmann Reinhold Goetz entdeckt, ist nicht nur für Geologen ein Erlebnis.

Drei Kilometer von Meiningen Richtung Fulda erhebt sich auf einer Anhöhe das 1836 bis 1840 erbaute Schloss Landsberg. Das beliebte Ausflugsziel mit dem Aussichtsturm ist ein Hotel mit Flair und zwei Restaurants. Andere Meininger Flair-Hotels sind das Schlundhaus mit Gasthaus und das „Rautenkranz" mit seiner Kleinkunstbühne.

Zu den Meininger Veranstaltungen und Festen gehört das Thüringer Kleinkunstfestival im September. Aber der Reigen der Veranstaltungen beginnt schon im Frühjahr mit der Theaterwoche. Im Juni gibt es die Thüringer Autorentage, im Juli den Töpfermarkt und das Hütesfest. Die berühmten Thüringer Klöße heißen in Meiningen „Hütes", denn vor langer Zeit hat die Frau Holle dem Meininger Stadtoberhaupt das Klößerezept mit den Worten „Hüt es" überreicht. Nach dem Stadtumzug wird dieses Ritual auf der Marktbühne dargestellt.

Thüringer Klöße

Schloss Elisabethenburg

Schlossplatz 1
98617 Meiningen
Tel.: 0 36 93/50 36 41
Fax: 0 36 93/50 36 44
E-mail: service@meiningermuseen.de
www.meiningermuseen.de
▶ Öffnungszeiten
Di.–Fr. 10–18 Uhr,
Sa. und So. 10–18 Uhr
▶ Eintritt
einschließl. Baumbachhaus
Erwachsene € 3,–,
ermäßigt € 2,–

Literaturmuseum

Baumbachhaus
Burggasse 12
98617 Meiningen
Tel.: 0 36 93/50 28 48
▶ Öffnungszeiten
Di.–So. 10–18 Uhr

Goetz-Höhle

Am Dietrich
98617 Meiningen
Tel.: 0 36 93/50 34 84
▶ Öffnungszeiten
Di.–Fr. 11–18 Uhr, Sa. und So. 10–18 Uhr
▶ Eintritt
mit Führung
Erwachsene € 4,–,
ermäßigt € 2,50

Feste und Veranstaltungen

www.meiningen.de

Weiter im Meininger Feste-Kalender: Im Juli und August werden die Sommerkonzerte in der Stadtkirche veranstaltet, im August das Bibliotheksfest und die Meininger Schlossnacht. Anfang September sind die Dampfloktage, der Güldene Herbst ist das Festival für Alte Musik im Oktober, von Oktober bis November lädt die Thüringer Jazzmeile ein. Soweit die Höhepunkte im Jahresreigen.

Meiningen

Nostalgie auf Schienen

Dampflokwerk Meiningen

Am Flutgraben 2
98617 Meiningen
Tel.: 0 36 93/85 16 02
Fax: 0 36 93/85 16 03
E-mail: Mail@dampflokwerk.de
www.Dampflokwerk.de
Führungen
jeden 3. Sa. im Monat
10 Uhr
Eintritt
Erwachsene € 5,–,
ermäßigt € 3,–

Dampflokfest

Wochenende Ende
Aug./Anf. Sept.

In der Theaterstadt Meiningen wird viel Theater um alte Dampflokomotiven gemacht. Diese betriebsfähigen technischen Denkmäler haben es auch verdient. Sie befördern Güter, Passagiere und den Fortschritt. Heute dienen sie dem musealen Fahrvergnügen. In der Stadt wurde 1914 eine Hauptwerkstatt zur Instandhaltung von Lokomotiven und Wagen eingerichtet. Seit 1919 fungierte die Werkstatt als Reichsbahn-Ausbesserungswerk (Raw). Nach dem Zweiten Weltkrieg behielt das Raw Meiningen seine Funktion bei, übernahm dann mit seinen hochqualifizierten Fachleuten nach dem Ende der Dampftraktion in der Bundesrepublik und in den anderen westlichen Staaten die Aufgabe, auch an den Dampfloks von dort die Untersuchungen durchzuführen, sie notfalls zu reparieren, neue Kessel und andere Teile zu fertigen. Seit 1990, nach der Umwandlung des Raw in das Dampflok-

Die 18 201, die schnellste betriebsfähige Dampflokomotive der Welt

Meininger Dampflok-Verein e. V. (MDV)

Kontakt: Peter Witter
Tel.: 0 36 93/85 16 21

Fahrplan

auf Anfrage

Meiningen – Mekka der Dampflokfans

heißt ein schönes Reisepaket mit 1 Übernachtung mit Frühstück, Führung durch das Dampflokwerk, Sonderprogramm an den Dampfloktagen, geführtem Stadtrundgang, Hütesessen, Infopaket.
▶ Preis
pro Person im DZ
ab € 58,–
Informationen und Buchung
Tourist-Information
Tel.: 0 36 93/44 65 11
Fax: 0 36 93/44 65 44
E-mail:
info@meiningen.de

werk Meiningen der DB AG, ist Meiningen der Ort für alle Dampfloks der Museumseisenbahnen ganz Europas, die hier ihre Betriebsfähigkeit erhalten.

Und Meiningen ist das Ziel unzähliger Eisenbahnfreunde, die das Werk besichtigen. Mancher nimmt die Gelegenheit wahr, „Ehrenlokführer" zu werden. Für 25 Euro wird ein Lehrgang von etwa einer halben Stunde auf einer unter Dampf stehenden Lok absolviert, dann wird auf einem Streckenabschnitt auf dem Werksgelände die Lok gefahren.

Am Wochenende Ende August/Anfang September werden die Dampfloktage veranstaltet mit der Besichtigung des Werks, einer großen Dampflokausstellung, der Modellbahnbörse. Es gibt einen musikalischen Frühschoppen, Fachvorträge, Sonderausstellungen und Souvenirverkauf.

Zusammen mit dem Meininger Dampflok-Verein e. V. betreibt das Dampflokwerk die Lok 50 3501, Baujahr 1942. Mit drei Reisezugwagen der DR aus den 80er Jahren geht es auf Fahrt. Zum Beispiel an Himmelfahrt in den Thüringer Wald und im Advent zum Weihnachtsmarkt nach Erfurt.

Der Schillerort

Auf der B 19 von Meiningen nach Süden ist Henneberg zu erreichen. Über dem Ort thront die Ruine der Burg Henneberg; die Burg hatte im 13. Jahrhundert ihre Blütezeit als Residenz der Grafen von Henneberg.

Von hier führt die Straße nach Osten zum Schillerort Bauerbach. Auf seiner Flucht 1782 fand Friedrich Schiller hier Unterschlupf. Im Gasthaus „Zum braunen Ross" hat er immer noch Schulden; hier ist eine Begegnungsstätte „Friedrich Schiller" eingerichtet. Im Sommer spielt das ganze Dorf Theater und führt auf der Naturbühne ein Stück für Erwachsene und eins für Kinder auf.

Schiller-Museum
Hauptstr. 3
98617 Bauerbach
Tel.: 03 69 45/5 03 01
Fax: 03 69 45/5 06 92
Öffnungszeiten
Apr.–Okt. Di.–So.
9–17 Uhr, Nov.–März
Mi.–So. 11–16 Uhr
Eintritt
Erwachsene € 2,-,
ermäßigt € 1,50

Naturtheater „Friedrich Schiller"
Spielzeit Mai–Sept.
Informationen
Tel. und Fax:
0 36 93/5 00 00

Kloster Veßra

Hennebergisches Museum

Von Meiningen 27 Kilometer entfernt, zunächst Richtung Hildburghausen auf der B 89, dann nach Osten Richtung Schleusingen ist nach kurzer Zeit das Kloster erreicht. Es wurde 1131 gegründet und entwickelte sich zum Hauskloster der Henneberger Grafen, wurde politisches, ökonomisches und kulturelles Zentrum des Henneberger Landes. In den Kloster- und Fachwerkgebäuden wird mittels vieler Exponate und Bilddokumente die Geschichte des Henneberger Landes und das dörfliche Leben

Hennebergisches Museum
98660 Kloster Veßra
Tel.: 03 68 73/6 90 30
Fax: 03 68 73/6 90 49
E-mail: info@museum-klostervessra.de
www.museum-klostervessra.de
Öffnungszeiten
Apr.–Sept. Di.–So.
9–18 Uhr, Okt.–März
Di.–So. 10–17 Uhr
Eintritt
Erwachsene € 2,50 ,
ermäßigt € 1,50

unterschiedlicher Zeiten anschaulich gemacht. Zahlreiche Veranstaltungen und Sonderausstellungen ergänzen die Darstellung von Geschichte und Volkskunde.

Die Klosterkirche

Hildburghausen

Dunkelgräfin und Meyers Lexikon

An der B 89 gelegen ist Hildburghausen am Oberlauf der Werra inmitten des Mittleren Thüringer Walds. Bei den Tourist-Informationen sind zwei nützliche Broschüren mit den Wanderwegen und Radwanderwegen erhältlich. Einen Spaziergang nur entfernt erhebt sich der 497 Meter hohe Stadtberg. Am Hang ist ein moosbewachsenes Mausoleum zu sehen. Ist hier eine Sophia Botta begraben oder die Dunkelgräfin genannte geheimnisvolle Person, die überlebende Tochter des hingerichteten französischen Königspaares Louis XVI. und Marie Antoinette? Das Grab ist Ziel Neugieriger und royalistischer Wallfahrer.

Die Stadt, ehemalige Residenz der Herzöge von Sachsen-Hildburghausen, ist mit sehenswerten

Tourist-Information

Markt 25
98646 Hildburghausen
Tel.: 0 36 85/4 05 83
Fax: 0 36 85/40 58 40
E-mail:
tourist-info@
hildburghausen.de
www.
hildburghausen.de

WANDER-TIPP

55 **„Wanderwege durch den Mittleren Thüringer Wald"** und 8 **„Radwanderwege Landkreis Hildburghausen"** mit jeweils Streckenbeschreibungen und Erwähnung unzähliger Sehenswürdigkeiten und sehr guten Karten sind als Broschüren bei den Tourist-Informationen erhältlich.

Stadtmuseum

Alte Post
Apothekergasse 11
98646 Hildburghausen
Tel.: 0 36 85/40 36 89
Öffnungszeiten
Di.–So. 10–17 Uhr
Eintritt
Erwachsene € 2.–,
ermäßigt € 1,–

Trützschler´s besonderes Museum

Trützschler´s Milch- und Reklamemuseum

Knappengasse 26
98646 Hildburghausen
Tel.: 0 36 85/70 54 09
Öffnungszeiten
Di.–Fr. 9.30–16.30 Uhr, Sa. und So. 13.30–16.30 Uhr
Eintritt
Erwachsene € 1,50,
ermäßigt € 0,50

Gebäuden geschmückt wie dem stattlichen Renaissance-Rathaus von 1595 oder dem Gebäude der Alten Post, deren Bauteile bis ins 14. Jahrhundert zurück reichen. Hier ist das Stadtmuseum zu besichtigen, dass auch die erste Ausgabe von Meyers Lexikon und andere Veröffentlichungen von Joseph Meyer (1796-1856) zeigt, die in seinem Bibliographischen Institut in Hildburghausen erschienen sind.

In der Knappengasse ist ein weiteres Museum: Trützschler´s Milch und Reklamemuseum. Mit über 1000 Exponaten wird alles gezeigt, was die Milch betrifft – von der bäuerlichen Wirtschaft bis zur modernen Molkerei, von der Vergangenheit bis zur Gegenwart. Von etwa 1900 bis zu den 30er Jahren reicht die umfangreiche Sammlung von Emaille-Reklamebildern. Hinter einer verschlossenen Tür gibt es eine Überraschung. Kaffee und hausgebackenen Kuchen gibt es auch.

Gleichberge und Glücksburg

Von Hildburghausen führt die Straße nach Westen und erreicht Römhild. Kurz vor dem Ort ragen im Süden der Große Gleichberg mit 679 Metern auf und im Norden der Kleine Gleichberg mit 641 Metern, auf dem die Steinsburg zu sehen ist, Reste einer keltischen Burg aus der Zeit vom 5. bis 1. Jahrhundert v. u. Z. Zwischen den Bergen in der Nähe der Straße ist das Steinsburgmuseum zu besichtigen, in dem die ökonomische und kulturelle Entwicklung von der Mittelsteinzeit vor 10 000 Jahren bis zum Hochmittelalter dargestellt ist. Die Geschichte und Kultur der Kelten steht im Mittelpunkt der reichhaltigen Ausstellung. Ein Archäologischer Wanderweg und der Keltenerlebnisweg bringen die ferne Vergangenheit nahe.

In der kleinen Stadt Römhild erhebt sich das 500-jährige Schloss, einst Residenz der Henneberger Grafen und des Herzogs von Sachsen-Römhild. In dieser Glücksburg ist ein Museum zu besichtigen. Die Ausstellungen zeigen die Stadtgeschichte, Spielzeug und Puppenstuben, das gewerbliche und bäuerliche Handwerk der Region.

Tourist-Information

VG „Gleichberge"
Römhild
Griebelstr. 28
98631 Römhild
Tel.: 03 69 48/8 81 20
Fax: 03 69 48/8 81 22

Steinsburgmuseum

Waldhaussiedlung 8
98631 Römhild
Tel.: 03 69 48/2 05 61
▶ Öffnungszeiten
tägl. 9–17 Uhr
▶ Eintritt
Erwachsene € 2,–,
ermäßigt ab € 0,50

Museum Schloss Glücksburg

Griebelstr. 28
98631 Römhild
Tel.: 03 69 48/8 01 40
▶ Öffnungszeiten
Apr.–Okt. Di.–So. 10–17 Uhr, Nov.–März Di.–Fr. 10–16 Uhr
▶ Eintritt
Erwachsene € 2,–,
ermäßigt € 1,–

Badespaß im Badehaus

Masserberg-Information

Hauptstr. 347
98666 Masserberg
Tel.: 03 68 70/5 70 15
Fax: 03 68 70/5 70 28
E-mail: info@masserberg.de
www.masserberg.de

Der heilklimatische Kurort Masserberg liegt am Rennsteig südlich von Ilmenau. Der Ort bietet sehr schöne Wanderwege an, die ohne große Steigungen auch von Rollstuhlfahrern bewältigt werden können. Masserberg gilt als besonders schneesicher und ist ein beliebter Wintersportort. Wer's gemütlicher mag, lässt sich mit einem Pferdeschlitten oder einer Pferdekutsche durch die Natur fahren.

Das Badehaus ist ein Dorado für all jene, die Erholung vom Alltag suchen. Das Haus verfügt über fünf Wasserbecken mit Strömungskanal, eine heimeliger Grotte, Sprudel- und Massageliegen, Unterwassermusik, ein Sole-Außenbecken mit Geysir und über eine umfangreiche Saunalandschaft. Wer mag, lässt sich mit heilsamen Packungen verwöhnen; vielfältig sind auch die Wellness- und Sportprogramme im Badehaus.

Badehaus Masserberg

Kurhausstr. 8
98666 Masserberg
Tel.: 03 68 70/5 33 80
Fax: 03 68 70/5 33 75
E-mail: info@badehaus-masserberg.com
www.badehaus-masserberg.com
Öffnungszeiten
So.–Do. 10–22 Uhr,
Fr. und Sa. 10–24 Uhr
Eintritt
Erwachsene € 13,–,
Kinder bis 6 Jahre
€ 2,–,
bis 14 Jahre € 8.–

Badehaus Masserberg

Schloss Bertholdsburg und Bergsee Ratscher

Schleusingen liegt am Südhang des Thüringer Waldes, südlich von Suhl an der B 247. Wahrzeichen der Stadt ist die Bertholdsburg, die zwischen 1223 und 1232 von dem Grafen von Henneberg errichtet wurde. Nachdem Graf Berthold VII. die Burg 1284 erweitern ließ, trägt sie seinen Namen. Von der 30 Meter hohen Galerie des Hauptturms hat man einen besonders schönen Blick auf die einstige Residenzstadt der Grafen von Henneberg und die Grafschaft. Heute befindet sich in Schloss Bertholdsburg das Naturhistorische Museum mit der Ausstellung 300 Millionen Jahre sowie die Geschichte der Grafen von Henneberg, Minerale, Mittelalter, Papierherstellung und Buchdruck.

Das Erholungsgebiet mit Camping- und Caravanplatz und Badesee liegt idyllisch am Ufer des Stausees Ratscher. Hier findet der Besucher den längsten Badestrand der Region, ein Teil ist für die FKKler reserviert. Im See kann man nicht nur herrlich schwimmen, es werden Boote und Wassertretboote ebenso verliehen wie Surfbretter.

Fremdenverkehrsbüro

Markt 6
98553 Schleusingen
Tel.: 03 68 41/3 15 61
Fax: 03 68 41/3 15 63
E-mail: fvb@schleusingen.de
www.schleusingen.de

Naturhistorisches Museum

Schloss Bertholdsburg
98553 Schleusingen
Tel.: 03 68 41/53 10
Fax: 03 68 41/53 96 47
E-mail: museum.schleusingen@gmx.de
www.museum-schleusingen.de
▶ Öffnungszeiten
Di.–Fr. 9–16 Uhr, Sa., So. und Feiert. 10–17 Uhr
▶ Eintritt
Erwachsene € 3,–, ermäßigt € 2,–
Turmbesichtigung € 1,–/0,50

Bergsee Ratscher

Am Bergsee
98553 Schleusingen
Tel.: 03 68 41/40 0 15
Fax: 03 68 41/3 22 25
E-mail: bergsee-ratscher@web.de
www.ratscher.de
▶ Öffnungszeiten
Mitte April bis Mitte Okt.
▶ Eintritt
Erwachsene € 2,50, ermäßigt € 1,–

Spielzeug und Aquarium

Stadtinformations- und Naturparkcenter

Bahnhofplatz
96515 Sonneberg
Tel.: 0 36 75/70 27 11
Fax: 0 36 75/74 20 02
E-mail: info-sonneberg@t-online.de
www.sonneberg.de

Deutsches Spielzeugmuseum

Beethovenstr. 10
96515 Sonneberg
Tel.: 0 36 75/70 28 56
Fax: 0 36 75/74 28 17
www.spielzeugmuseum-sonneberg.de
Öffnungszeiten
Di.–So. 9–17 Uhr
Eintritt
Erwachsene € 3,–,
ermäßigt € 1,50

Die Spielzeugstadt Sonneberg, in der seit über 500 Jahren Spielzeug produziert wird, liegt am Südhang des Thüringer Waldes in einer reizvollen Landschaft an der B 89.

Beim Betrachten von tausenden von Spielzeugen schlagen nicht nur die Herzen der kleinen Besucher höher. Hier schnauft eine Dampfmaschine und treibt Schöpfrad und Säge an, ein kleiner Wagen dreht seine Runden auf der nostalgischen Achterbahn, Zinnsoldaten sind zur Parade angetreten, in den Puppenstuben scheint ein reges Leben stattzufinden. Affen und Bären, Mäuse und Rehe, Elefanten und Löwen schauen die Besucher aus glänzenden Augen liebevoll an. Im Deutsche Spielzeugmuseum befindet sich die älteste nationale Spezialsammlung für Spielzeug, in der auch Exponante aus aller Welt von der Antike bis zur Gegenwart zu sehen sind.

EINKEHR-TIPP

Das Lutherhaus stand ursprünglich an der alten Handelstraße Nürnberg – Leipzig. Als es abgerissen werden sollte, hat der Sonneberger Kommerzienrat Fleischmann das Haus gekauft und ließ es ein paar Kilometer weiter nach Sonneberg umsetzen. Noch immer hält sich die Mär, dass hier einst Martin Luther übernachtet haben soll. Aber leider ist das Haus dafür einige Jahrzehnte zu jung. Heute lädt hier eine originelle Gaststätte zum Schmausen ein.

Lutherhaus
Lutherhausweg 19
96515 Sonneberg
Tel. und Fax: 0 36 75/70 39 58
Öffnungszeiten
Di. und So. 11.30–21 Uhr, Mi.–Sa. 11.30–24 Uhr

Nie langweilig wird es beim Besuch des Schauaquariums. Auf zwei Etagen sind Fische, Pflanzen und Korallen aus 15 Ländern zu sehen. Da schwimmt beispielsweise ein Schwarzspitzenriffhai aus Sri Lanka oder ein Seepferdchen aus Kenia durchs Becken.

Schauaquarium Nautiland

Marktplatz 2
96515 Sonneberg
Tel.: 0 36 75/42 78 88
Öffnungszeiten
Di.–Fr. 11–17 Uhr,
Sa., So. und Feiert.
12.30–17 Uhr
Eintritt
Erwachsene € 4,–,
Kinder € 2,50

Lauscha-Ernstthal

Glaskunst, Sommerrodelbahn, Wintersport

Die berühmte Glasbläserstadt liegt nördlich von Sonneberg im Thüringer Schiefergebirge und in der Nähe des bekannten Wanderwegs Rennsteig.

Seit dem 16. Jahrhundert wird in Lauscha Glas produziert. Überall im Ort und in den umliegenden Dörfern wird hervorragende Glaskunst hergestellt und verkauft, in den Werkstätten finden Glasbläservorführungen statt. Die ersten Glasprodukte waren

Tourist-Information Lauscha-Ernstthal

Hüttenplatz 6
98724 Lauscha
Tel.: 03 67 02/2 29 44
Fax: 03 67 02/2 29 42
E–mail:
touristinfo@lauscha.de
www.lauscha.de

Farbglashütte Lauscha GmbH

Straße des Friedens 46
98724 Lauscha
Tel.: 03 67 02/28 10
Fax: 03 67 02/2 03 40
E-mail: Farbglas-
huette-Lauscha@
t-online.de
www.farbglashuette.de
Öffnungszeiten
Mo.–Fr. 9–18 Uhr,
Sa. und So. 10–17 Uhr
Produktion:
Mo.–Fr. 9–16 Uhr,
Sa. 10–16 Uhr
Eintritt
Erwachsene € 2,50,
Kinder € 1,50,
Familienkarte € 6,–

Weihnachtsland Lauscha

Straßen des Friedens 39
98724 Lauscha
Tel.: 03 67 02/2 29 45
Fax: 03 67 02/2 29 46
www.lauscha.de/weihnachtsland
Öffnungszeiten
ganzjährig Mo.–Fr. 9.30–18 Uhr, Sa. 9.30–16 Uhr, So. 10–16 Uhr

Museum für Glaskunst

Oberlandstr. 10
98724 Lauscha
Tel.: 03 67 02/2 07 24
Fax: 03 67 02/3 08 36
E-mail: Glasmuseum.Lauscha@t-online.de
www.Glasmuseum-Lauscha.de
Öffnungszeiten
Di.–So. 10–17 Uhr
Eintritt
Erwachsene € 2,50, ermäßigt € 1,50

EINKAUFS-TIPP

Krebs Glas Lauscha GmbH
Am Park 1
98724 Ernstthal
Tel.: 03 67 02/28 80
Fax: 03 67 02/2 88 43
E-mail: krebslauscha@t-online.de
www.krebslauscha.de
Öffnungszeiten
Jan.–Juni Mo.–Fr. 10–16 Uhr, Sa., So. und Feiert. 13–16 Uhr,
Juli–Nov. bis 17 Uhr,
Dez. tägl. 10–18 Uhr

Trinkgefäße, Fläschchen, später Glasmärbeln (Murmeln), Röhren und Stäbe. In der Farbglashütte Lauscha erfahren die Gäste in einer Multivisionsschau, wie das Glas nach Lauscha kam und die Künstler aus dem Material fragile Kunstwerke schaffen, seien es nun Christbaumkugeln, Rosenkugeln, Figuren, Gläser, Teller, Vasen und Schalen. Ein besonderes Erlebnis ist es, den Glasbläsern bei der aufregenden Arbeit zuzuschauen. Zum Haus gehören mehrere Verkaufsräume und ein Restaurant.

Weihnachten ist ein ganz besonders schönes Fest, jede Wohnung, jedes Haus und viele Straßen sind aufs Feinste festlich geschmückt. Um 1847 wurde erstmals in Lauscha Christbaumschmuck aus Glas hergestellt. Damit ist Lauscha die urkundlich erwähnte Geburtsstätte dieser traditionellen Handwerkskunst. Heute gibt es fast nichts, was sich nicht als Baumbehang aus Glas eignet: Handys, PCs, Cowboystiefel, Obst und Gemüse, Piraten, Pinguine, Eisenbahnen usw. Aber natürlich gibt es auch die klassischen Christbaumkugeln. Im Weihnachtsland Lauscha und in

weiteren Fachgeschäften wird der Besucher in die glanzvolle Welt des Lauschaer Christbaumschmucks entführt.

Das Museum für Glaskunst dokumentiert, erforscht und präsentiert das Thüringer Glas in seiner gesamten zeitlichen und thematischen Breite: Vom späten Mittelalter bis in die Gegenwart, von Apothekerfläschchen und Butzenscheiben bis zu grazilen Kunstwerken moderner Künstler.

In Ernstthal lockt im Sommer die Rodelbahn und im Winter einer der schönsten Skihänge. Die Sommerrodelbahn ist ein toller Familienspaß. Schlepplifte ziehen die Rodler auf ihren Schlitten 500 Meter den Berg hinauf zum Start. Runter geht´s in rasanter Fahrt durch Brücken und Kurven. Am Auslauf können Kinder bis 15 Jahre in einem Autokorso ihre Fahrkünste zeigen. Im Winter zieht der moderne Schlepplift die Sportler den Pappenheimer Berg hinauf. Bis zu 800 Meter lange Abfahrten schlängeln sich durch tiefverschneite Fichten-

Sommerrodelbahn & Skilift

Lauschaer Str. 41
98724 Ernstthal
Tel.: 03 67 02/2 08 31
Fax: 03 67 02/2 17 56
▶ Öffnungszeiten
Sommerrodelbahn:
April–Okt. tägl.
10–18 Uhr,
außer bei Regen
▶ Fahrtkosten
Erwachsene € 2,–,
Kinder € 1,50

Skilift in Lauscha

Tel.: 03 67 02/2 08 31
▶ Öffnungszeiten
Dez.–April, je nach
Schneelage
Flutlicht
Fr. und Sa.
bis 21.30 Uhr

**Skiarena
Silbersattel GmbH**

Dr.-Max-Volk-Str. 21
96523 Steinach
Tel.: 03 67 62/3 07 34
Fax: 03 67 62/2 83 38
E-mail:
silbersattel@
t-online.de
www.silbersattel.de
Öffnungszeiten
Dez.–März tägl.
9.30–16.30 Uhr,
Flutlichthang Mi., Do.,
Fr. 16.30–20 Uhr

wälder ins Tal. Fünf Pisten für Anfänger und Skiasse stehen zur Verfügung. Freitags und samstags erhellt eine Fluchtlichtanlage die Skihänge.

TIPPS FÜR WINTERSPORTLER

Wintersportler finden in Lauscha neben dem Parkplatz am modernen Schlepplift vier herrliche Skipisten, die an den Wochenenden mit Flutlicht erhellt werden.

Wenige Kilometer südlich von Lauscha liegt der staatlich anerkannte Erholungsort Steinach. Hier liegt die Skiarena Silbersattel mit einer Schwarzen Piste. Aber auch Anfänger und Skilangläufer finden hier geeignete Hänge und Loipen. Das Gebiet ist schneesicher, dafür sorgt die computergesteuerte Beschneiungsanlage. Eine Fluchtlichtanlage ermöglicht das Skifahren in den Abendstunden.

Ilmenau

Auf Goethes Spuren

Ilmenau Information

Lindenstr. 12
98693 Ilmenau
Tel.: 0 36 77/20 23 58
Fax: 0 36 77/20 25 02
E-mail:
stadtinfo@ilmenau.de
www.ilmenau.de

Die Goethe- und Universitätsstadt Ilmenau liegt am Fuß des Thüringer Waldes an den Bundesstraßen B 4, B 87 und B 88 und der Autobahn A 71.

Goethe war 28 mal in Ilmenau. Der Marktplatz und die Gasthöfe „Zum Adler" und „Zur Sonne" dienten dem Dichter als Vorbild für die Darstellung in „Wilhelm Meister". Wer aufspüren will, wo Goethe weilte, folgt dem „G" auf dem Goethe-Wanderweg. Start ist der Markt in Ilmenau. Das große helle Eckzimmer im ersten Stock des Amtshauses, in dem Goethe wohnte und arbeitete, gehört heute zu dem kleinen Museum. An der Sturmheide geht's aufwärts zum Oberen Berggraben. Der Wanderweg gewährt hier zauberhafte Durchblicke ins Manebacher Tal. Auf dem Schwalbenstein, einem hohen Porphyrfelsen, lädt die Schutzhütte zum Rasten ein. Hier hat Goethe im März 1779 den vierten Akt der „Iphigenie" geschrieben. Nach dem Überqueren der Schienen geht der Weg auf die Helenenruhe und weiter zum großen Hermannstein. Hier ragt ein großer Felsen in den Himmel. Über die Höhle im Felsen schwärmte Goethe: „...sie ist mein geliebter Aufenthalt, wo ich möchte wohnen und bleiben". Nach einem Anstieg ist der 861 Meter hohe Kickelhahn erreicht. Hier im Thüringer Wald, dessen Schönheit Goethe beschrieb, kamen ihm die Verse „Über allen Gipfeln ist Ruh..." in den Sinn. Bei dem Goethehäuschen handelt es sich um eine Nachbildung des ursprünglichen Häuschens, das von dem Dichter aufgesucht wurde. Vom Aussichtsturm auf dem Berg genießt der Besucher einen herrlichen

Ilmenauer Amtshaus

Am Markt 1
98693 Ilmenau
Tel.: 0 36 77/20 26 67
▶ Öffnungszeiten
Mai–Okt. tägl.
9–12 Uhr, 13–16.30 Uhr,
Nov.–April. tägl.
10–12 Uhr, 13–16 Uhr
▶ Eintritt
Erwachsene € 1,–,
ermäßigt € 0,50

Jagdhaus Gabelbach

Waldstr. 24
98693 Ilmenau
Tel.: 0 36 77/20 26 26
▶ Öffnungszeiten
April–Okt. Di.–So.
9–17 Uhr,
Nov.–März Mi.–So.
11–16 Uhr
▶ Eintritt
Erwachsene € 2,–,
ermäßigt € 1,50

Gundelachsches Haus

Sebastian-Kneipp-Str. 18
98714 Stützerbach
Tel.: 03 67 84/5 02 77
▶ Öffnungszeiten
April–Okt. Di.–So.
9–17 Uhr,
Nov.–März Mi.–So.
11–16 Uhr
▶ Eintritt
Erwachsene € 2,–,
ermäßigt € 1,50

EINKEHR-TIPP

Waldgasthof
Kickelhahn
Kickelhahn 1
98693 Ilmenau
Tel.: 0 36 77/20 20 34
▶ Öffnungszeiten
tägl. ab 10 Uhr

> **TIPP FÜR EISENBAHNFREUNDE**
>
> Südlich von Ilmenau an der B 4 liegt Stützerbach. Hier sind die Dampfbahnfreunde mittlerer Rennsteig zu Hause. Zum Bestand gehören unter anderem Dampfloks, Packwagen, Güterwagen und eine Donnerbüchse, ein Personenwagen von 1922. An bestimmten Tagen verkehrt eine Bahn zwischen Stützerbach und Bahnhof Rennsteig (im Juli anlässlich der Rennsteigwoche, am 3. Okt. und Sonderfahrten zum Jahreswechsel, 27. bis 31. Dez.). Großes Ziel der Eisenbahnfreunde ist der Rennsteig-Park.
>
> **Dampfbahnfreunde mittlerer Rennsteig e. V.**
> Oberstr. 51 a
> 98714 Stützerbach
> Tel.: 03 67 84/5 08 44
> www.rennsteig-park.de

Fernblick. Von hier führt der Weg hinab zum Jagdhaus Gabelbach. Im Haus befindet sich eine Gedenkstätte, die über Goethes naturwissenschaftliche Studien im Thüringer Wald informiert. Im Schortetal kommen wir am „Finsteren Loch" vorbei. Dies ist der Schauplatz des nächtlichen Zeltlagers der herzöglichen Jagdgesellschaft, die Goethe in seinem Gedicht „Ilmenau" beschreibt. Nach rund 18 Kilometern endet die Wanderung in Stützerbach. Im Gundelachschen Haus hat Goethe wiederholt gewohnt. Auch hier gibt es eine Gedenkstätte.

Gräfenroda

Gartenzwerg-Museum und Glasbläser-Studio

Fremdenverkehrs- und Gewerbeverein

Bahnhofstr. 1
00330 Gräfenroda
Tel.: 03 62 05/7 62 73
Fax: 03 62 05/7 63 30
E-mail: info@
graefenroda.de
www.graefenroda.de

Gräfenroda liegt nordwestlich von Ilmenau an der B 88. Es war das Jahr 1874, als Philipp Griebel in Gräfenroda seine Terrakottafabrik gründete. Seit 1880 gehörte er zu den Ziehvätern des deutschen Gartenzwergs. In den sieben kleinen Räumen des Zwer-

gen-Museums, der einstigen Manufaktur, können heute die Besucher einen Einblick in Geschichte und Herstellung der kleinen, lustigen Wichte, Tiere, Tierköpfe und Märchenfiguren nehmen. Im Zwergenstübchen werden die hübschen Terrakottafiguren verkauft. Es gibt auch Vorführungen für Behinderte.

Das Glasstudio von Herbert Reuß kann auf eine 80jährige Familientradition zurückblicken. Der Handwerker hat im Lauf der Jahre seine eigene Handschrift entwickelt, die in zahlreichen Unikaten unverkennbar zum Ausdruck kommt. Etwas Besonderes sind seine Jugendstilgläser mit den bizarren libellenflügelartigen Einarbeitungen. Im Glasstudio Reuß gleicht die Vorführung einer Art Glastheater, dass heißt 45 Minuten Spaß ohne Ende. Anschließend besteht die Möglichkeit zum Einkauf von der kleinsten Miniatur bis zu anspruchsvollen Unikaten. Eine Besonderheit ist die Vorführung für Sehgeschädigte und Blinde.

■ Gartenzwerg-Museum

Ohrdrufer Str. 1
99330 Gräfenroda
Tel.: 03 62 05/7 64 70
Fax: 03 62 05/9 17 92
E-mail: reinhard.griebel@zwergen-griebel.de
www.zwergen-griebel.de
▶ Öffnungszeiten
Herstellung und Verkauf
Mo.–Fr. 10–17 Uhr,
Sa. 10–14 Uhr,
April–Okt.
auch So. 10–14 Uhr
▶ Eintritt
Erwachsene € 2,–,
ermäßigt € 1,–

■ Glasstudio Reuß

Waldstr. 50
99330 Gräfenroda
Tel.: 03 62 05/7 63 11
Fax: 03 62 05/7 67 09
E-mail: info@glasstudio-reuss.de
www.glasstudio-reuss.de
▶ Öffnungszeiten
tägl. 8–18 Uhr
▶ Eintritt frei

Stadtmarketing Arnstadt GmbH

Rankestr. 11
99310 Arnstadt
Tel.: 0 36 28/66 01 60
Fax: 0 36 28/66 01 67
E-mail: information@arnstadt.de
www.arnstadt.de

Haus zum Palmbaum

Stadtgeschichtliches Museum
Markt 3
99310 Arnstadt
Tel. und Fax:
0 36 28/60 29 78
E-mail:
Haus.zum.Palmbaum@t-online.de
www.Haus.zum.Palmbaum.de
Öffnungszeiten
Mo.–Fr.
8.30–16.30 Uhr,
Sa., So. und Feiert.
9–16 Uhr
Eintritt
Erwachsene € 3,–,
ermäßigt € 1,–

Bachstadt, Puppenstadt, Eisenbahnstadt

Die Bachstadt Arnstadt liegt nördlich von Ilmenau an der B 4. An der Johann-Sebastian-Bach-Kirche war Bach zwischen 1703 und 1707 als Organist tätig. Auf dem Marktplatz steht ein Bachdenkmal, in dem Haus in der Kohlgasse 7 soll Bach gewohnt haben und auf dem Alten Friedhof haben 25 Angehörige der Familie ihre letzte Ruhestätte gefunden. Nicht nur während der Arnstädter Bach-Tage wird auf der Bachorgel in der Sebastian-Bach-Kirche gespielt. Im Stadtgeschichtsmuseum „Haus zum Palmbaum", einem Renaissancebau aus der Zeit um 1500 mit einem bemerkenswerten Eingangsportal, befindet sich auch eine Bach-Gedenkstätte mit dem original Orgelspieltisch aus der Bach-Zeit sowie eine Ausstellung zur Stadtgeschichte, ein Literatenkabinett, in dem die mit der Stadt eng verbundenen Schriftsteller vorgestellt werden.

Das Neue Palais, als Witwensitz um 1740 erbaut, birgt ein kunsthistorisches Kleinod: Die barocke

Szene vom Tanz- und Unterhaltungsabend in „Mon plaisir"

Puppenstadt „Mon plaisir". Die kinderlose Fürstin Auguste Dorothea von Schwarzburg-Arnstadt fand ihr „plaisir", ihr Vergnügen, an der Herstellung dieser einzigartigen Miniaturwelt. Das Schlossmuseum beherbergt außerdem ein vollständig erhaltenes barockes Porzellankabinett mit wertvollem ostasiatischen und Meißner Porzellanen, Dorotheenthaler Fayencen und seltenen Brüsseler Bildteppichen.

Parade der Dampfloks

Eisenbahnfreunde aus nah und fern zieht es nicht nur im April zum Fest auf das Gelände des Bahnbetriebswerks Arnstadt. Im historischen Lokschuppen versammeln sich wichtige Vertreter von einst in Arnstadt heimischen Lokomotivbaureihen der Dampf- und Dieseltraktion. Auch die E-Lok der Baureihe E 94 ist hier zu bewundern. Anziehungspunkt ist auch die vollfunktionsfähige Werkstatt mit Schmiedefeuer, Lufthammer, Drehbänken, Bohrmaschinen und einem alten Kohleofen.

FESTE

Die Arnstädter Bach-Tage finden im März statt. Das einwöchige Frühlingsfest beginnt um den 20. März und der Arnstädter Wollmarkt wird ebenfalls eine Woche lang gefeiert. Das große Eisenbahnfest im Frühjahr findet auf dem Gelände des Bahnbetriebswerks in Arnstadt statt.

Schlossmuseum mit Puppenstadt „Mon plaisir"

Schlossplatz 1
99310 Arnstadt
Tel.: 0 36 28/60 29 32
Fax: 0 36 28/4 82 64
▶ Öffnungszeiten
April–Okt. Di.–So. 8.30–16.30 Uhr,
Nov.–März Di.–So. 9.30–16 Uhr
▶ Eintritt
Erwachsene € 3,–,
ermäßigt € 1,50

Historisches Bahnbetriebswerk

Museum für Dampflokomotiven
Rehestädter Weg 4
99310 Arnstadt
Tel.: 01 62/6 79 55 39, 01 62/6 79 55 40, 01 72/34 1 74 55
www.plandampf.de/arnstadt
▶ Öffnungszeiten
Sa., So. und Feiert. 10–18 Uhr
Förderverein
Bw Arnstadt e. V.
Postfach 10 11 22
99011 Erfurt

Die Drei Gleichen: Mühlburg, Burg Gleichen, Wachsenburg

Mühlburg

99869 Mühlberg
Öffnungszeiten
April–Okt.
tägl. 10–17 Uhr
Eintritt
Erwachsene € 1,–

Burg Gleichen

Burg Gleichen

99869 Wandersleben
Tel.: 03 62 02/8 24 40
Öffnungszeiten
Jan.–Febr. Sa. und So.
9–17 Uhr, März–Okt.
tägl. 9–18 Uhr,
Nov.–Dez.
tägl. 9–17 Uhr
Eintritt
Erwachsene € 1,25,
ermäßigt. € 0,60

Veste Wachsenburg

Hotel und Restaurant
99310 Holzhausen
Tel.: 0 36 28/7 42 40
Öffnungszeiten
Mai–Okt.
tägl. ab 11 Uhr,
Nov.–März
Di.–So. ab 11 Uhr

Die Wachsenburg

Im Landschaftsschutzgebiet zwischen Arnstadt und Gotha liegt das einzigartige Burgenensemble „Drei Gleichen". Woher der Name kommt, liegt im Dunkeln verborgen. Denn anders als es der Name vermuten lässt, gleichen sie sich gar nicht, die Ruine Mühlburg, die Reste der Burg Gleichen und die Veste Wachsenburg. Empfehlenswert ist eine 13 Kilometer lange Wanderung von der Mühlburg über Burg Gleichen zur Veste Wachsenburg. Auf der Mühlburg kann der Burgfried und ein kleines Museum besucht werden. Die stark verfallene Burg Gleichen besitzt ein romantisches Torhaus und einen quadratischen Bergfried, in dem sich ein Museum befindet. Die Wachsenburg ist die am besten erhaltene und am meisten veränderte

Anlage. Eindrucksvoll ist der 300 Jahre alte und über 90 Meter tiefe Burgbrunnen. Der Hohenloheturm stammt aus dem Beginn des 20. Jahrhunderts. Auf der Burg befindet sich ein schönes Hotel mit Restaurant.

> **EINKEHR-TIPP**
>
> Die Stadtbrauerei Arnstadt ist Deutschlands älteste Weizenbierbrauerei mit einer 600 Jahre alten Brautradition. Zur Brauerei gehört auch eine Gaststätte mit Erlebnisgastronomie, ein Biergarten, ein Brauhaushotel, ein Felsenkellergewölbe, eine Saunalandschaft, eine Stadthalle sowie eine Bowlingbahn.
> **Stadtbrauerei Arnstadt**
> mit Hotel und Gaststätte
> Brauhausstr. 1-3
> 99310 Arnstadt
> Tel.: 0 36 28/60 74 00
> Fax: 0 36 28/60 74 44
> E-mail: arnstadt-stadtbrauerei.de
> www.arnstadt-stadtbrauerei.de
> **Öffnungszeiten**
> Gaststätte tägl. 8-24 Uhr
> Führungen nach Voranmeldung

Ohrdruf

Schloss Ehrenstein und Tobiashammer

Die Stadt Ohrdruf mit dem Schloss Ehrenstein liegt südlich von Gotha an der B 88.

In einem Schlossflügel befindet sich das Heimatmuseum mit Zeugnissen der ersten Besiedlung Ohrdrufs aus römischer Zeit, mit einer Dauerausstellung über Johann Sebastian Bach, der in Ohrdruf zur Schule ging, mit der Darstellung der Ohrdrufer Spielwaren- und Porzellanindustrie ab Mitte des 19. Jahrhunderts.

Der Tobiashammer ist ein Technisches Denkmal, das sich südlich am Ortsausgang von Ohrdruf an

■ **Information**

Kultur und Tourismus
Marktplatz 1
99885 Ohrdruf
Tel.: 0 36 24/33 0210
Fax: 0 36 24/31 36 34
E-mail:
information@
ohrdruf.de
www.ohrdruf.de

Schloss Ehrenstein

99885 Ohrdruf
Tel.: 0 36 24/40 23 29
Fax.: 0 36 24/31 36 34
E.mail: Schloss.Ehrenstein@Ohrdruf.de
www.ig-ehrenstein.de
Öffnungszeiten
ganzjährig So.–Fr. 9–16 Uhr
Eintritt
Erwachsene € 2,
ermäßigt € 1,–

Tobiashammer

Suhler Str. 34
99885 Ohrdruf
Tel. und Fax: 0 36 24/40 27 92
www.tobiashammer.de
Öffnungszeiten
ganzjährig tägl. 9–17 Uhr,
je nach Wetter
Führungen jede halbe Std.
Eintritt
Erwachsene € 4,50,
ermäßigt € 2,60

der B 247 befindet. Er ist wohl die größte Dampfmaschine Europas; sie wurde um 1480 als Eisen-, Draht- und Sichelhammer erbaut. Zuerst entstanden hier Sensen, Sicheln, Pflugscharen, Lanzen, Schwerter und Ritterrüstungen. Im 16. Jahrhundert wurden Waschkessel aus Kupfer, Paukenkessel und andere Geräte für Brauereien und die Süßwarenindustrie produziert. Während einer Führung werden funktionsfähige Fallhämmer, ein Pochwerk und ein Walzwerk vorgeführt. Beeindruckend ist die gigantische Dampfmaschine mit einer Leistung von 12 000 PS.

Georgenthal

Lohmühlenmuseum und Hirzbergbahn

Der Erholungsort Georgenthal liegt wenige Kilometer westlich von Ohrdruf an der B 88. Kurpark und Teichpromade laden zum Spazieren ein. Am Gondelteich an der Kahnstation werden Tretboote und Ruderboote für eine vergnügliche Bootsfahrt vermietet (Mai bis Sept. 10-18 Uhr). Gegenüber

Tourist-Information

Stadtverwaltung
Tambacher Str.3
99887 Georgenthal
Tel.: 03 62 53/3 81 08
Fax: 03 62 53/3 81 02
E-mail: vg-aa@t-online.de
www.georgenthal.de

der Steinerschen Spielwarenfabrik befindet sich in der Bahnhofstraße der größte Kaminzuggrill der Welt (er steht sogar im Guinnessbuch der Rekorde). Im August findet das Grillfest statt: Dann empfiehlt es sich, hier eine echte Thüringer Bratwust vom Kaminzuggrill zu kosten.

Wer sich für die Holzwirtschaft, alte Handwerksberufe und verschiedene Energiegewinnungsverfahren interessiert, besucht das Lohmühlenmuseum. Auf dem Museumsgelände kann auch der zukünftige Museumszug der Interessengemeinschaft Hirzbergbahn bewundert werden. Während der Lohmühlenfeste präsentiert der Verein seine Fahrzeuge der Öffentlichkeit.

Steinersche Spielwarenfabrik

Bahnhofstr.
99887 Georgenthal
Tel.: 03 62 53/4 29 00
▶ Öffnungszeiten
mit Fabrikverkauf
Mo.–Fr. 9–16 Uhr

Lohmühlenmuseum

Lohmühle
99887 Georgenthal
Tel.: 03 62 52/4 60 00
▶ Öffnungszeiten
Di.–So. 10–18 Uhr
▶ Eintritt
Erwachsene € 2,–,
ermäßigt € 1,–
Feste an verschiedenen Wochenenden im März, Mai, Juli, Aug., Sept, Nov. und Dez.

IG Hirzbergbahn e. V

Lohmühle 4
99887 Georgenthal
Kontakt: Andreas Gütt
Tel.: 01 75/5 56 16 51
und 03 51/4 24 19 66
Fax: 03 62 52/3 62 22
www.freenet.de/
hirzbergbahn

AUSFLUG-TIPP

Südlich von Ohrdruf und Georgenthal an der B 247 liegt der kleine Ort Luisenthal mit dem Brauereimuseum. Aus der Brauerei, 1838 gegründet, wurde 1991 das Brauereimuseum & Gasthaus. Seit 1994 gibt es hier wieder das original Stutzhäuser Bier. Im Museum sind Exponate aus der Zeit der vorigen Jahrhundertwende und der 20er Jahre des vorigen Jahrhunderts ausgestellt.

Stutzhäuser Brauereimuseum & Gasthaus
Karl-Marx-Str. 8
99885 Luisenthal
Tel.: 03 62 57/4 02 16
Fax: 03 62 57/3 17 96
E-mail: brauerei-museum@gotha.oettinger-bier.de
www.stutzhaeuser-brauerei.de
Öffnungszeiten
Di.–So. 11–24 Uhr

Mächtige Burganlagen lassen das Mittelalter zum Erlebnis werden, Wassersportler zieht es zu den Talsperren Hohenwarte, Bleichloch und Zeulenroda. Auf der Saale schippern Flößer ihre Gäste auf stabilen Flößen über den Fluss. Goldwäscher versuchen ihr Glück in der Schwarza. Entlang von Saale, Ilm und Schwarza laden hübsche Wege zum Wandern und Radeln ein. Und wem Hawaii zu weit entfernt ist, fährt nach Zeulenroda und besucht die Badewelt Waikiki.

Thüringer Schiefergebirge und Saaleland

Burgen und Bäder, Stauseen und Flüsse

Neues entdecken, Altes wieder finden

Wie entsteht eine Talsperre? Die Lichtetalbahn fährt ihre Gäste durchs weite Gelände, bevor es in einigen Jahren überflutet wird. Endlich einmal beobachten, wie die Thüringer Künstler ihre berühmten Spitzenfiguren aus Porzellan fertigen. Thüringens Wunder tief im Berg bestaunen. Alte Schlösser und Kirchen in neuem Glanz erleben. Technische Schaudenkmäler im Schiefergebirge besuchen. Hier ist alles möglich.

Die Saale, Thüringens längster Fluss, entspringt im fränkischen Fichtelgebirge, schlängelt sich durch Stadt und Land und mündet nach rund 500 Kilometern in die Elbe. Entlang der Saale finden wir reichlich Zeugen alter Kulturen. Die gerühmten Burgen „an der Saale hellem Strande", den weltberühmten und meistbesungenen Höhenwanderweg Rennsteig. Thüringen besitzt die größten Stauseen Deutschlands, die Berge reichen am 27 Kilometer langen Hohenwarte-Stausee bis an den Rand der fjordähnlichen Einschnitte. Ausflugsschiffe mit

Saalfeld-Information

Markt 6
07318 Saalefeld
Tel.: 0 36 71/3 39 50
Fax: 0 36 71/52 21 83
E-mail: info@saalfeld-info.de
www.saalfeld-info.de

Seite 114/115:
Die Saale
bei Uhlstädt

HIGHLIGHTS IM SCHIEFERGEBIRGE UND SAALELAND

Schwarzburg und Sitzendorf – Gold waschen in der Schwarza	121
Thüringer Porzellankunst	122
Rudolstadt – Schloss Heidecksburg	129
Uhlstädt – Floßfahrten auf der Saale	131
Saalfeld – Feengrotten	133
Ranis – Stausee Hohenwarte	137
Schleiz – Rennstrecke Schleizer Dreieck	140
Lehesten und Wurzbach – Technische Schaudenkmäler	141
Saalburg – Sommerrodelbahn und Märchenwald	144
Neustadt an der Orla – Natur- und Spiellehrpfad	147
Zeulenroda – Badewelt Waikiki	149

staunenden Fahrgästen, Camper, Surfer, Segler, Angler, große und kleine Schwimmer – sie alle zieht´s an die Talsperren.

Das „Blaue Gold", der Schiefer, hat die Landschaft des Thüringer Schiefergebirges geprägt. Ein Ausflug ins Technische Denkmal Historischer Schieferbergbau mit dem Lern- und Erlebnispark und dem Besucherbergwerk wird für die ganze Familie zu einem unvergesslichen Erlebnis, ebenso wie der Besuch der Schaugießerei Heinrichshütte im nahen Wurzbach. Sehenswert sind allemal die historischen Altstädte, die liebevoll restaurierten Kirchen, Schlösser und Burgen. Naturfreunde beobachten im Oktober das Starenwunder im Land der 1000 Teiche in Plothen. Spannend wird es an den Renntagen im Schleizer Dreieck, fröhlich, wenn die Trucker dort ihr jährliches Fest feiern, und aufregend, wenn in der Schwarza Gold gesucht und gefunden wird.

Fremdenverkehrsverband Thüringer Schiefergebirge/ Obere Saale e. V.

Postfach 111
07352 Lobenstein
Tel.: 03 66 51/23 39
Fax: 03 66 51/22 69
e-mail: info.ts-os@t-online.de
www.thueringer-schiefergebirge-obere-saale.de

Bad Berka/Hohenfelden

Mit Goethe durch das Bad im Grünen und das Freilichtmuseum Hohenfelden

Wenige Kilometer südlich von Weimar an der A 4 liegt der traditionsreiche Kurort Bad Berka an der Ilm.

Kein Geringerer als Johann Wolfgang von Goethe riet den Stadtvätern von Bad Berka zur Nutzung der Stahlquelle. Das Stahlbadehaus, die heutige Trinkhalle, entstand 1835 und wurde 1949 in Goethe-

Kurverwaltung

Bad Berka
Goetheallee 3
99438 Bad Berka
Tel.: 03 64 58/57 90
Fax: 03 64 58/5 79 99
E-mail: info@bad-berka.de
www.bad-berka.de
www.die-ilmtaler.de

Freilichtmuseum Hohenfelden

99448 Hohenfelden
Tel.: 03 64 50/3 02 85
Fax: 03 64 50/4 39 17
Öffnungszeiten
Apr.–Okt.
tägl. 10–18 Uhr
Eintritt
Erwachsene € 3,50,
Kinder € 1,–,
Ermäßigungen für
Familien

TIPPS

Der Ilm-Radwanderweg ist über 100 Kilometer lang und führt entlang der Ilm von der Quelle im Thüringer Wald bis zur Mündung in die Saale.

Wer einmal leise durch die Luft fliegen möchte, besucht den Fliegerclub.

Fliegerclub Bad Berka e. V.

Segelflugplatz
99438 Bad Berka
Tel.: 03 64 58/4 11 73
www.fliegerclub.de
Vorsitzender
Roland Heise
Zum Rinnebach 15
99102 Erfurt
Tel.: 03 61/3 45 19 04
Öffnungszeiten
März–Okt. Sa. und So., während der Thüringer Ferienzeit tägl.

Brunnen umbenannt. Neben zahlreichen Wanderungen durch unberührte Landschaften werden ausführliche Stadtführungen, Kirchen- und Orgelführungen sowie ein Badespaziergang durch den prachtvollen Kurpark auf den Spuren Goethes angeboten. Besonders beliebt bei den Gästen sind die geführten Heilkräuterwanderungen und Vogelstimmenwanderungen. Hier lernt der Besucher die Lebensräume von Wasseramsel, Eisvogel, Gebirgsbachstelze und vieler anderer heimischer Vögel kennen.

Ein paar Kilometer westlich von Bad Berka, zwischen der A 4 und der B 87, liegt das Freilichtmuseum Hohenfelden, ein ins Dorf integriertes Museum. Dazu gehören ein Pfarrhof mit einer Museumsgaststätte, ein Tagelöhnerhaus mit Schusterwerkstatt, ein Brauhaus, das Schulhaus und ein Bauernhof. Sie haben schon immer hier gestanden. Andere Gebäude wie Schweinekoben, Scheunen, Taubenturm, Bienenhaus und andere wurden in verschiedenen Thüringer Dörfern abgebaut und hier in Hohenfelden wieder aufgebaut. Mehrmals im Jahr finden Museumsfeste und Sonderausstellungen im Pfarrhof und im alten Schulhaus statt, die auch im Winter, außer montags zugänglich sind.

Wassersportler finden Spiel und Spaß am nah gelegenen Stausee.

Freilichtmuseum Hohenfelden

Stadtgeschichte

Zwischen Weimar und Ilmenau an der B 87 liegt Stadtilm. Der Ort war bereits im 12. Jahrhundert ein bedeutender Handelsplatz, was heute noch an dem Marktplatz zu erkennen ist, der der größte in Thüringen ist. Sehenswert ist auch das Stadtgeschichtliche Museum, welches im gleichen Gebäude residiert wie die Stadtinformation. Eisenbahnfreunde bestaunen das Viadukt von 1890 mit seinen 21 Bogen am Rand von Stadtilm.

Einkehr-Tipp

Südlich von Stadtilm liegt der kleine Ort Singen mit der wohl kleinsten Brauerei Deutschlands. Seit rund 110 Jahren wird hier ein herb-frisches Bier gebraut. Die Brauerei Schmitt liegt am Hang des Singener Berges. Besucher können nach Voranmeldung dienstags beim Brauen zuschauen, auch wer die Brauerei besichtigen möchte, sollte sich ebenfalls telefonisch anmelden. Gruppen können im Garten grillen und dabei süffiges Bier genießen.
Tel.: 0 36 29/25 56.

Fremdenverkehrsverein Stadtilm und sein Umland e. V.

Stadtinformation
Straße der Einheit 1
99326 Stadtilm
Tel.: 0 36 29/66 88 36
Fax: 0 36 29/66 88 12
E-mail:
touristinfo@stadtilm.de
www.stadtilm.de

Stadtgeschichtliches Museum

Straße der Einheit 1
99326 Stadtilm
Tel.: 0 36 29/66 88 36
Fax: 0 36 29/66 88 12
E-mail:
touristinfo@stadt-ilm.de
www.stadtilm.de
Öffnungszeiten
Di.–10–12, 14–17 Uhr,
Mi. 13–15 Uhr,
Do 10–12 Uhr
Eintritt
Erwachsene € 1,–,
ermäßigt € 0,50

Mittelalterliches Stadtbild

Tipp

Der Singer Berg, mit 582 Meter die höchste Erhebung im Thüringer Becken, ist ein hervorragendes Wander- und Radwandergebiet. Die Wege sind ausgeschildert.

Klosterruine Paulinzella und Jagdschloss

Kloster Paulinzella

Museum im
Jagdschloss
07422 Rottenbach
Tel.: 03 67 39/34 30
und
03 67 39/3 29 22
www.thueringen.de/
schloesser
Öffnungszeiten
Apr.–Okt. Di.–So.
10–18 Uhr,
Nov.–März Di.–So.
10–17 Uhr
Eintritt
Erwachsene € 3,–,
Kinder € 2,–

Der Ort Rottenbach liegt zwischen Rudolstadt und Ilmenau an der B 88.

Zu Beginn des 12. Jahrhunderts gründete die sächsische Adlige Paulina ein Benediktinerkloster. Vorbild war die romanische Klosterkirche Cluny in Burgund. Bis zur Reformation war das Kloster weltliches und geistliches Zentrum. Nach der Reformation verfiel die Anlage und die Menschen benutzten die Steine als Baumaterial. Die Fürsten von Schwarzburg-Rudolstadt ließen im 17. Jahrhundert neben der Klosterkirche ein Jagdschloss erbauen. Dieses Jagdschloss wurde in unseren Tagen aufwändig restauriert und zeigt heute eine umfangreiche Ausstellung zur Kloster-, Jagd- und Forstgeschichte. Das Museum ist seit Oktober 2002 eröffnet. Die Klosterruine liegt neben der Straße und kann jederzeit besichtigt werden.

Romantische Darstellung der Klosterruine, 19. Jahrhundert

Schwarzburg

Gold waschen und Schloss besuchen

Südwestlich von Rudolstadt liegt im Schwarzatal Schwarzburg, die „Perle des Thüringer Waldes". Schon vor rund 500 Jahren suchten die Menschen in der Schwarza nach Gold. Heute können

Erfolgreiche Goldwäscher

von Mitte Mai bis September Abenteurer mitten im Ort unter fachkundiger Leitung ihr Glück versuchen und Gold waschen.

Über dem „goldigen" Fluss erhebt sich ein Bergsporn, auf dem die Ruine von Schloss Schwarzburg thront. Schlossterrasse und Park vor dem Kaisersaal wurden liebevoll nach historischen Vorlagen rekonstruiert. Auf dem Gelände lässt es sich herrlich spielen und entspannen. Sehenswert ist der Kaisersaal, in dem im Sommer Konzerte und Theatervorführungen stattfinden. Zahlreiche Gaststätten verwöhnen ihre Gäste mit Thüringer Küche.

Fremdenverkehrsverein Schwarzburg e. V.

Friedrich-Ebert-Platz 2
07427 Schwarzburg
Tel.: 03 67 30/2 23 05
Fax: 03 67 30/3 35 12
E-mail: info@fvv-schwarzburg.de
www.fvv-schwarzburg.de

Schloss Schwarzburg

Förderverein Schloss Schwarzburg e. V.
Schlossstr. 5
07427 Schwarzburg
Tel.: 03 67 30/3 29 54
und 3 29 55
www.schloss-schwarzburg.de
▶ Öffnungszeiten
des Kaisersaals
Apr.–Okt.
tägl. 10–18 Uhr
▶ Eintritt
Erwachsene € 1,50,
Kinder € 1,–
▶ Führungen
nach Voranmeldung

Porzellan, Museum, Thüringer Küche

Sitzendorfer Porzellanmanufaktur

Hauptstr. 26
07429 Sitzendorf
Tel.: 03 67 30/36 60
Fax: 03 67 30/2 22 33
E-mail: sitzporz@t-online.de
www.sitzendorf-porzellan.de
Öffnungszeiten
Mo.–Fr. 10–18 Uhr, Sa. und So. 10–17 Uhr.
Die Restaurants sind täglich bis 22 Uhr geöffnet, außerhalb der Saison abends nur nach Vereinbarung
Eintritt
Vorführstraße:
Erwachsene € 2,–,
Kinder € 1,–,
mit Museumsbesuch:
Erwachsene € 3,–,
Kinder € 1,–

Modellieren in der Sitzendorfer Manufaktur

Einen Katzensprung von Schwarzburg entfernt, ebenfalls an der Schwarza, liegt der kleine Ort Sitzendorf. Auch hier können Gäste in der Schwarza Gold waschen. Seit 1884 werden in der berühmten Sitzendorfer Porzellanmanufaktur die berühmten Spitzenfiguren, unter anderem aber auch große Porzellangruppen, Kutschen, Tafelschmuck und Uhren gefertigt. Sitzendorf gilt als Geburtsstätte des Thüringer Porzellans. Unabhängig von Böttger entdeckte hier Georg-Heinrich Macheleidt das weiße Gold. Besuchern der Porzellanmanufaktur wird ausführlich die Herstellung von Porzellan erklärt. Besonders beliebt bei den Besuchern ist es, den Porzellanmalern bei ihrer kunstvollen Arbeit über die Schulter zu schauen. Am Ende der Führung steht der Besuch des eleganten Verkaufsraums.

Im ehemaligen Heizraum der Manufaktur ist heute das Regionalmuseum „Dampfmaschine" untergebracht. Die Dampfmaschine, die bis 1970 die Manufaktur mit Strom versorgte, wurde restauriert. In dem kleinen Museum wird Wissenswertes aus Natur und Technik sowie über den im Schwarzatal ansässigen Rasselbock dargestellt.

Die Manufaktur verfügt außerdem über ein großes Restaurationsangebot in drei gemütlichen Räumen. Serviert werden beispiels-

weise eine echte Thüringer Riesenbratwurst auf einem echten Thüringer Bratwurstteller, der als Souvenir mitgenommen werden darf. Auch der echte Thüringer Kloß wird auf einem entsprechenden Teller mit Rezept angerichtet. Auf der Speisekarte stehen auch Pferdeäpfel, die echt lecker schmecken.

Tipps für Kids

Tiere schauen und streicheln, Wanderungen mit Pferden, an denen Anfänger und Fortgeschrittene teilnehmen können, führen durchs romantische Schwarzatal. Auf dem Gelände des Reiterhofs können Familien in Holzhäusern, mit Zelt oder Caravan Urlaub machen.
Reittouristik-Reiterhof-Holzferienhäuser
Rolf Kallenbach
Fasanerie 1
07427 Schwarzburg
Tel.: 03 67 30/2 27 13

Oberweißbach

Fröbelmuseum, Kräuterseminare und Porzellankunst

Oberweißbach liegt idyllisch an der Deutschen Spielzeugstraße zwischen dem Schwarzatal im Norden und dem Rennsteig im Süden.

Wanderer und Naturfreunde finden in Oberweißbach in mitten des so genannten Thüringer Kräutergartens zahlreiche ausgeschilderte Wander-

Feste

- Das Rasselbockfest wird um den 1. Mai herum gefeiert. Höhepunkt ist die traditionelle Rasselbockjagd in der Sitzendorfer Flur. Die Miss Rasselbock wird alle zwei Jahre gewählt.

- In Thüringen dreht sich bekanntlich nicht alles, aber vieles um die Wurst. Im Oktober stellen sich die einheimischen Fleischer einem urigen Leberwurst-Wettstreit. Der Beste wird zum Lawerworschtkönig gekrönt. Ein rustikales Fest mit Spezialitäten aus dem alten Backofen, fröhlicher Musik und viel Spaß für die ganze Familie.

Tourist-Information

Fröbelstadt
Marketing GmbH
Markt 10
98744 Oberweißbach
Tel.: 03 67 05/6 21 23
Fax: 03 67 05/6 22 49
E-mail: froebelstadt@t-online.de
www.oberweissbach.de

Kräuterlädchen

Öffnungszeiten
Jan.–Dez. Mo.–Fr.
10–12 Uhr, 13–17 Uhr,
Mai–Okt. Sa., So. und
Feiert. 13–17 Uhr,
Nov.–Apr. So und
Feiert. 13–16 Uhr

Memorialmuseum „Friedrich Fröbel"

und Olitätenstübchen
Markt 10
98744 Oberweißbach
Tel.: 03 67 05/6 21 23
Fax: 03 67 05/6 22 49
Öffnungszeiten
Jan.–Dez. Mo.–Fr.
10–12 Uhr, 13–17 Uhr,
Mai–Okt. Sa., So. und
Feiert. 13–17 Uhr;
Nov.–Apr. So. und
Feiert. 13–16 Uhr
Eintritt
Erwachsene € 2,–,
Kinder € 1,

und Spazierwege. Der große Vorschulpädagoge und Begründer der Kindergärten wurde hier in der Stadt am 21. April 1782 geboren. Ihm zu Ehren richtete man in seinem Geburtshaus am Markt ein Museum ein. Hier erfährt der Besucher viel über Leben und Wirken Fröbels. Zur ständigen Ausstellung des Museums gehört das „Traditionszimmer Olitätenhandel". Olitäten ist ein schönes altes Wort für Öle, Essenzen und Salben. Wer Interesse hat, mehr über das alte Gewerbe und die Verwendung heimischer Heilpflanzen in Vergangenheit und Gegenwart zu erfahren, nimmt an einem der Kräuterseminare teil. Im gleichen Haus befindet sich auch die Tourist-Information, die Stadtbibliothek und ein kleiner Laden, in dem Fröbelspielzeug, Fröbel- und Kräuterliteratur, Kräuterprodukte und Olitäten verkauft werden. Von der Tourist-Information werden ein- und mehrtägige Kräuterseminare mit dem Buckelapotheker und der Kräuterfrau, Hobbykurse „Naturkosmetik" und Führungen entlang des Kräu-

EINKEHR-TIPP

Der Fröbelturm auf dem Kirchberg ist heute das Wahrzeichen von Oberweißbach. Ausflugsgäste besteigen den Turm und genießen die schöne Aussicht. Fürs leibliche Wohl sorgt die
Berggaststätte Fröbelturm
Kirchberg
98744 Oberweißbach
Tel.: 03 67 05/6 20 74
Öffnungszeiten
Mo.–Do. 10 19 Uhr, Fr., Sa. und So. 10–23 Uhr
Fröbelturm
Öffnungszeiten
wie Berggaststätte
Eintritt
Erwachsene € 1,-, Kinder € 0,50

terlehrpfads durchgeführt, um Anmeldung wird gebeten.

Bereits 1882 wurde in Unterweißbach Haushalts- und Küchengeschirr hergestellt. Später kamen Obstschalen, Dosen und Vasen hinzu. 1908 wurden die Schwarzburger Werkstätten für Pozellankunst als Mitglied des Deutschen Werkbundes gegründet. Für die Serien wurden erstklassige Künstler, darunter Ernst Barlach, gewonnen. Seit 1953 firmiert das Unternehmen als Unterweißbacher Werkstätten für Porzellankunst. Heute werden Figuren und Figurengruppen unterschiedlichen Genres produziert.

> **TIPP FÜR KIDS**
>
> Fast jedes Kind liebt Pferde. Besonders die Haflinger mit ihrem ruhigen Temperament und liebevollen Charakter sind verlässliche Kameraden des Menschen. Im Haflinger Gestüt Meura werden Erholungsferien mit Pferden und Reiterferien für Kinder angeboten. Es gibt eine Cafeteria mit Kaffee und Kuchen. Und wer das Besondere liebt, erwirbt hier Stutenmilch, Stutenmilchkosmetika und Stutenmilchlikör.
> **Haflinger Gestüt Meura**
> Ortsstraße 116
> 98744 Meura
> Tel.: 03 67 01/3 11 51
> Fax: 03 67 01/3 11 52
> **Führungen**
> tägl. 11 und 14 Uhr
> **Eintritt frei**
>
>

Unterweißbacher Werkstätten für Porzellankunst

Oberweißbacher Str. 7–10
98744 Unterweißbach
Tel.: 03 67 30/2 23 41
Fax: 03 67 30/2 23 42
▶ **Öffnungszeiten**
des Verkaufsraums
Mo–Sa. 9–16.30 Uhr
Reisegruppen erhalten eine kostenlose Betriebsführung nach Voranmeldung
Mo.–Do. 9–14 Uhr,
Fr. 9–11.30 Uhr

Jäger zu Pferd – aus Porzellan

Nostalgie auf Schienen

Oberweißbacher Berggbahn

bis Dezember 2002
außer Betrieb
Info-Tel.: 03 67 05/
70 56 21 23

Lichtetalbahn der Freizeit GmbH

Am Parkplatz 2
98744 Unterweißbach
Mindestteilnehmer
8 Personen
Anmeldung unter
Tel. und Fax:
03 67 41/4 21 11
Fahrbetrieb
März–Okt. tägl. außer
Mi. 10 Uhr, 11.30 Uhr,
13.30 Uhr und 15 Uhr,
die Fahrtermine
unterliegen den
laufenden
Baumaßnahmen
Fahrtkosten
Erwachsene € 6,–,
Kinder € 4,–
Gruppenermäßigung

Lichtenhainer Waldeisenbahn

Jenaer Eisenbahn
Verein e. V.
Steve Ulrich
Hugo-Schrade-Str. 30
07745 Jena
Tel.: 0 36 41/60 72 95
Tel. und Fax:
0 36 41/42 38 20
Fahrbetrieb
in der Regel Sa.
und an Feiert.
Fahrtkosten
Erwachsene € 1,– (einfach), € 1,50 (Hin- und Rückfahrt), Kinder €
0,50 bzw. € 0,80

Die Oberweißbacher Bergbahn ist ein technisches Denkmal. Die Standseilbahn ist 1,4 Kilometer lang, überwindet in 20 Minuten 320 Höhenmeter und gilt als steilste Seilbahn der Welt. Sie verbindet Obstfelderschmiede mit Cursdorf.

Die vorerst letzte Talsperre Deutschlands entsteht in Leibis/Lichte. Die Großbaustelle kann mit der Lichtetalbahn in rund 75 Minuten erkundet werden. Dies ist wahrscheinlich die letzte Möglichkeit, dieses Tal in seiner jetzigen Ursprünglichkeit zu bewundern, bevor es von den Wassermassen des Stausees in den nächsten Jahren überflutet wird.

Ein besonderes Erlebnis stellt die gemütliche Fahrt mit der Lichtenhainer Waldeisenbahn dar. Auf der etwa 500 Meter langen Strecke rollen ein gedeckter und ein offener Wagen sowie Feldbahnloks Bauart Ns 2f und Ns 1 zwischen den Kopfbahnhöfen „An der Bergbahn" und „Waldschänke".

Bad Blankenburg **127**

Burg Greifenstein und Fröbel-Museum

Am Eingang zum romantischen Schwarzatal und hoch über dem Luftkurort Bad Blankenburg erhebt sich aus dichtem Buchenwald die stattliche Burg Greifenstein. Sie wurde 1208 zum ersten Mal urkundlich erwähnt. Das Haus oder Schloss Blankenburg war eine der größten deutschen Feudalburgen und Stammsitz der Grafen von Schwarzburg-Blankenburg. Hier stand die Wiege von Günter XXI., der 1349 zum deutschen König gewählt wurde. Vom Bergfried genießt der Besucher einen fantastischen Blick über Stadt und Land. Das kleine Burgmuseum zeigt eine Ausstellung zur Geschichte der Burg. In der Burg finden im historischen Trauzimmer standesamtliche Trauungen statt und es werden ritterliche Tafelrunden und Feste abgehalten.

Es ist schon ein majestätischer Anblick, wenn der seltene Andenkondor mit dem Aufwind hoch über der Burg Greifenstein seine Kreise zieht. Ebenso beeindruckend ist die Vorführung mit dem Uhu, der lautlos dicht über die Köpfe der Besucher fliegt. Auf dem Adler- und Falkenhof

Tourist-Information

Magdeburger Gasse 1
07422 Bad Blankenburg
Tel.: 03 67 41/26 67
Fax: 03 67 41/4 24 42
E-mail: info@bad-blankenburg.de
www.bad-blankenburg.de

Burg Greifenstein

Greifenstein-Freunde e. V.
Postfach 1201
Greifensteinstr. 3
07422 Bad Blankenburg
Tel. und Fax:
03 67 41/20 80
E-mail: greifenstein@newmail.net
▶ **Öffnungszeiten**
Di.–So. 9–17 Uhr
▶ **Eintritt**
Erwachsene € 1,50, Kinder € 1,–
Führungen nach Voranmeldung

Gaststätte „Burgschänke"

Greifensteinstr. 3
07422 Bad Blankenburg
Tel.: 03 67 41/25 88
Fax: 03 67 41/5 67 38
E-mail:kontakt@burg-greifenstein.de
www.burg-greifenstein.de
▶ **Öffnungszeiten**
Di.–So. 10–18 Uhr

Greifvogel-Vorführung

Adler- und Falkenhof

Burg Greifenstein
07422 Bad Blankenburg
Tel.: 03 67 41/4 16 96
Flugvorführungen
Apr.–Okt.
Di.–So. 15 Uhr,
für Gruppen und
Schulklassen nach
Voranmeldung auch
11 Uhr
Eintritt
Erwachsene € 5,–,
Kinder bis 14 Jahre
€ 2,50
Gruppenermäßigung

Friedrich-Fröbel-Museum

Johannisgasse 4
07422 Bad Blankenburg
Tel.: 03 67 41/25 65
Fax: 03 67 41/4 73 11
E-mail: museum@heidecksburg.de
www.heidecksburg.de
Öffnungszeiten
Di.–Sa. 10–12 Uhr,
13–17 Uhr
Eintritt
Erwachsene € 1,50,
Kinder € 1,–

sind außerdem Milane, Bussarde und verschiedene Falkenarten zu bewundern. Während der Flugvorführung erfahren die Zuschauer viel Wissenswertes über die Lebens- und Verhaltensweisen von Greifvögeln.

Im „Haus über dem Keller" begann die Geschichte des Kindergartens. Hier erprobte Friedrich Fröbel (1782–1852) seine berühmten Spielgaben an den Kindern der Stadt. 1840 prägte er den Begriff „Kindergarten", der zum pädagogischen Sprachschatz in aller Welt gehört. Das Museum zeigt Fröbels Lebensweg, sein pädagogisches Programm und seine weltweite Wirkung. Anziehungspunkt ist natürlich das Kindergartenzimmer, in dem die Kleinen die Fröbeltechniken wie Falten, Flechten, Schneiden und Prickeln üben können.

> **REISE-TIPP**
>
> Die Tourist-Information Bad Blankenburg bietet ein interessantes Goldenes Wochenende (Fr.–So.) mit zwei Übernachtungen an: Unterkunft im Hotel am Goldberg. Sie waschen Gold in der Schwarza unter Aufsicht eines erfahrenen Geologen, Sie wandern und besuchen die Traditions- und Spezialitätenbrauerei Watzdorf, destillieren und verkosten „brennendes" Gold auf Burg Greifenstein und erleben noch viel mehr.
> Preis im Doppelzimmer pro Person € 212,-.

Schloss Heidecksburg und Bauernhäuser

Die ehemalige Residenzstadt Rudolstadt liegt an der B 88 zwischen Uhlstädt im Osten und Bad Blankenburg im Westen.

Schon von weitem grüßt Schloss Heidecksburg hoch über der Saale und den Dächern der Stadt seine Gäste. Es gehört zu den prunkvollsten Barockschlössern in Thüringen. Bereits im 13. Jahrhundert stand hier eine Burganlage, die ab 1571 zu einem repräsentativen Schloss umgebaut wurde. Nachdem ein Feuer den West- und Nordflügel zerstört hatte, wurde das Schloss wieder aufgebaut. Heute gelten die Festsäle im Schloss als beeindruckendes Gesamtkunstwerk. Gemälde und Mobiliar der Spätrenaissance, des Barock, Rokoko, Empire, Klassizismus, Biedermeier bis hin zum Historizismus sind in den historischen Räumen zu bestaunen. Den Schwerpunkt des Gemäldebestands bilden das 18. und 19. Jahrhundert. Besonders wertvoll in der grafischen Sammlung sind die Blätter aus dem 16. Jahrhundert. Ein Teil der umfangreichen Porzellansammlung ist der Geschichte des Thüringer Porzellans gewidmet.

Bauernhäuser, insbesondere die dekorativen Fachwerkbauten, erzählen uns vom Leben und Arbeiten der Landbevölkerung. Schon in den Jahren 1914 und 1915 wurden vom Verfall bedrohte thüringische Fachwerkbauten aus der zweiten Hälfte des 17. Jahrhunderts umgesetzt. Seit dieser Zeit werden im Freilichtmuseum alte Thüringer Bauernhäuser restauriert und mit Mobilar, Hausrat sowie bäuerlichen Arbeitsgeräten ausgestattet. Das Volks-

---

Fremdenverkehrsamt & Tourist-Information

Marktstr. 57
07407 Rudolstadt
Tel.: 0 36 72/41 47 43
Fax: 0 36 72/43 12 86
E-mail: Ru-info@saale-net.de
www.rudolstadt.de

Thüringer Landesmuseum Heidecksburg

Schlossbezirk 1
07407 Rudolstadt
Tel.: 0 36 72/4 29 00
Fax: 0 36 72/42 90 90
E-mail: museum@heidecksburg.de
www.heidecksburg.de
▶ Öffnungszeiten
Apr.–Okt. Di.–So.
10–18 Uhr
Nov.–März Di.–So.
10–17 Uhr
▶ Eintritt
Erwachsene € 4,–,
Kinder € 2,50

Volkskundemuseum Thüringer Bauernhäuser

Große Wiese 2
07407 Rudolstadt
Tel.: 0 36 72/42 24 65
Fax: 0 36 72/42 90 90
▶ Öffnungszeiten
März–Okt.
Mi.–So. 10–12 Uhr,
13–17 Uhr
▶ Eintritt
Erwachsene € 2–,
Kinder € 1,–

Thüringer Bauernhäuser

SAALEMAXX

Freizeit- und Erlebnisbad
Hugo-Trinckler-Str. 6
07407 Rudolstadt
Tel.: 0 36 72/3 14 50
www.saalemaxx.de
Öffnungszeiten
tägl. 10–22 Uhr,
Fr. bis 23 Uhr
Eintritt
Erwachsene € 7,– für
3,5 Std., mit Sauna
€ 12,50, Kinder bis
14 Jahre € 5,–
für 3,5 Std., mit
Sauna € 9,5

Spielhaus Richtersche Villa e. V.

Schwarzburger
Chaussee 74
07407 Rudolstadt
Tel.: 0 36 72/41 14 51
Öffnungszeiten
Mo.–Sa. 13–18 Uhr
Eintritt
Erwachsene € 3,–,
Kinder € 1,75

kundemuseum Thüringer Bauernhäuser gehört mit zu den ältesten deutschen Freilichtmuseen. Besonderer Anziehungspunkt ist die Laborantenapotheke aus dem 18. Jahrhundert sowie eine pharmazeutische Sammlung aus dem 18. und 19. Jahrhundert.

Das SAALEMAXX bietet Spiel, Sport und Erholung für die ganze Familie. In der farbenfroh gestalteten Freizeiteinrichtung gibt es ein Sportbad, ein Erlebnisbad und einen Wellnessbereich. Das Bad, hübsch gelegen am Hang oberhalb des Saalebogens, erlaubt einen fantastischen Blick hinüber zu Schloss Heidecksburg.

Westlich von Rudolstadt führt eine schmale Straße zum idyllisch gelegenen Keilhau. Vom Aussichtspunkt Fröbelblick mit den steinernen Spielgaben Würfel, Walze und Kugel des großen Erziehers Friedrich Fröbel hat der Besucher einen herrlichen Blick über das Thüringer Land.

Die berühmten Ankersteinbaukästen entstanden in den Rudolstädter Ankerwerken. Auch heute noch lassen sich Architekten im Spielhaus Richtersche Villa von den Ankersteinen inspirieren.

Floßfahrten und Schloss Kochberg

Das ehemalige Flößerdorf Uhlstädt liegt malerisch im mittleren Saaletal zwischen Rudolstadt und Jena. Die Flößerei wurde hier bis in die 40er Jahre des vorigen Jahrhunderts betrieben, dann errichtete man die Saaletalsperren und Bahn und LKW übernahmen den Holztransport.

Heute können Touristen das Saaletal vom Floß aus genießen. Die fünf geprüften Flöße können jeweils bis zu 25 Personen aufnehmen. Je nach Wasserstand der Saale dauert eine Fahrt bis zu drei Stunden. Eine Floßfahrt führt von Kirchhasel-Saalebrücke nach Uhlstädt, mit der Möglichkeit eines Zwischenstopps in Weißen.

Vor oder nach einer Floßfahrt empfiehlt es sich, das Flößereimuseum in unmittelbarer Nähe der Floßanlegestelle in Uhlstädt zu besuchen. Hier wird die Geschichte der Langholzflößerei auf der thüringischen Saale gezeigt. Auch das Wasserkraftwerk in der Nähe lohnt einen Besuch.

Im Süden von Uhlstädt erstreckt sich die Uhlstädter Heide, ein Höhenzug mit beachtenswertem Baum- und Tierbestand. Über ausgeschilderte Wanderwege findet man im Wald der Uhlstädter Heide die sagenumwobene Kirchenruine Töpfersdorf. Im

Die Saale bei Uhlstädt

Tourist-Information

Uhlstädt-Kirchhasel
Jenaische Str. 90
07407 Uhlstädt
Tel.: 03 67 42/6 35 34
Fax: 03 67 42/6 35 36
E-mail: Touristinfo-Uhlstaedt@
t-online.de
www.vg-uhlstaedt.de

Uhlstädter Touristische Saaleflößerei

Weinbergstr. 196 c
07407 Uhlstädt
Tel.: 03 67 42/6 23 46
Fax: 03 67 42/6 02 91
Termine
nach Voranmeldung
Apr.–Okt. tägl.
► Kosten
1 Floß bis 10 Personen € 230,–,
1 Floß bis 20 Personen € 335,–
Schnupperfahrten
1 Std. Erwachsene
€ 8,–, Kinder € 5,–

Flößereimuseum

Gemeinde Uhlstädt-Kirchhasel
Jenaische Str. 90
07407 Uhlstädt
Tel.: 03 67 42/6 35 34
Fax: 03 67 42/6 35 36
► Öffnungszeiten
Mo.–Fr. 10–18 Uhr, Sa. und So. nur nach vorheriger Anmeldung
► Eintritt
Erwachsene € 1,–,
Kinder € 0,50

Norden liegt der Kienberg, von dessen Höhe die Wanderer einen herrlichen Blick über das romantische Saaletal bis hin zu den Höhenzügen des Thüringer Waldes genießen.

In einem wunderschönen, ausgedehnten Landschaftsgarten liegt das Schloss Kochberg. Der ältere Teil des liebevoll restaurierten Ensembles, das aus einer Wasserburg hervorging, ist das fünfstöckige kemenatenartigen „Hohe Haus". Die restlichen Gebäude entstanden um 1580. Friedrich Christian Ludwig Freiherr von Stein kaufte 1733 das Schloss und die Gutswirtschaft. Nachdem Johann Wolfgang Goethe hier zwischen 1775 und 1788 öfter die Schlossherrin Charlotte von Stein besuchte, war dies Anlass, im zweiten Stock des „Hohen Hauses" eine Goethe-Gedenkstätte einzurichten. Im ehemaligen Wohnzimmer der Frau von Stein vermitteln wertvolle Möbel, Gemälde und Zeichnungen die Atmosphäre eines ländliches Adelssitzes. Das kleine Liebhabertheater neben dem Schlosskomplex wurde so rekonstruiert, wie es um 1800 aussah. Neben dem Museum und der Goethe-Gedenkstätte befindet sich im Schloss Kochberg ein Restaurant mit einer Pension.

Flößerfest

Alle zwei Jahre zu Pfingsten (ungerade Jahreszahl) wird das Uhlstädter Flößerfest gefeiert. Dann werden die alten Bräuche der Flößer wieder lebendig. Das Fest beginnt mit einem improvisierten Holzverkauf und erreicht seinen Höhepunkt mit der großen Floßparade auf der Saale.

Schloss Kochberg

Museum
07407 Großkochberg
Tel.: 03 67 43/2 25 32
Öffnungszeiten
Apr.–Okt. Di.–So. 9–18 Uhr,
Nov.–März Mi.–So. 10–16 Uhr
Eintritt
Erwachsene € 3,–,
ermäßigt € 2,–,
Kinder € 1,–

EINKEHR-TIPP

Restaurant und Pension
Schloss Kochberg
07407 Großkochberg
Tel.: 03 67 43/2 24 28 und 3 29 54
Fax: 03 67 43/3 35 28
Öffnungszeiten
wie Museum Schloss Kochberg

TIPP

Porzellan aus Reichenbach, etwa in der Mitte zwischen Rudolstadt und Saalfeld, jedoch weiter östlich am Rand des Naturschutzgebiets Hintere Heide gelegen, gibt´s ab Werk bei
Porzellanambiente Reichenbach GmbH
Fabrikstr. 29
07629 Reichenbach
Tel.: 03 66 01/8 80
Fax: 03 66 01/ 88 20
www.porzellanambiente-reichenberg.de
Werksverkauf
Mo.-Fr. 9-17 Uhr

Saalfeld

Die Feengrotten

Südlich von Rudolstadt liegt die Feengrottenstadt Saalfeld. Seit 1993 stehen die Feengrotten als „farbenreichste Schaugrotten der Welt" sogar im Guinnessbuch der Rekorde. Der Abbau des Schiefers begann 1530 und endete mit dem Beginn der Industrialisierung 1850. Als die Stollen des fast vergessenen Bergwerks 1910 wiederentdeckt wurden, offenbarte sich den Betrachtern ein unterirdisches Wunder. Das mineralhaltige Tropf- und Quellwasser hatte in rund 300 Jahren eine faszinierende Welt geschaffen.

Eine ungewöhnliche Umgebung, romantische Musik, Kerzenschein und ein unterirdischer Sonnenaufgang erwartet Hochzeitspaare bei einer Trauung im Märchendom der Saalfelder Feengrotten.

Mit einer Kur im Heilstollen der Feengrotten steht ein nebenwirkungsfreies Naturheilverfahren zur Behandlung von Atemwegserkrankungen und Neurodermitis zur Verfügung.

Saalfeld-Information

Markt 6
07318 Saalfeld
Tel.: 0 36 71/3 39 50
Fax: 0 36 71/52 21 83
E-mail: info@saalfeld-info.de
www.saalfeld.de

Saalfelder Feengrotten und Tourismus GmbH

Feengrottenweg 2
07318 Saalfeld
Tel.: 0 36 71/5 50 40
Fax: 0 36 71/55 04 40
E-mail: info@feengrotten.de
www.feengrotten.de
▶ Öffnungszeiten
März–Okt.
tägl. 9–17 Uhr,
Nov. Sa. und So.
10–15.30 Uhr,
Dez.–Febr. tägl.
10–15.30 Uhr
▶ Eintritt
Erwachsene € 4,50,
Kinder € 2,–,
Familienkarte € 12,–

In den Feengrotten

Tipp

Kurse und Seminare in Thüringischer Porzellanmalerei werden durchführt vom Design-Studio Sylvana
Saalfelder Str. 112
98739 Schmiedefeld
Tel. und Fax:
03 67 01/6 11 57

Tipps für Kids

Einmal wie die Schumi-Brüder über die Go-Kart-Bahn flitzen? Möglich ist dies – nicht nur für Kinder – auf Thüringens größter und modernster Bahn.
Kart Arena GmbH
Am Silberstollen 8
07318 Saalfeld
Tel.: 0 36 71/35 71 26
Fax: 0 36 71/35 71 27
e-mail: Kart-Arena-Saalfeld@t-online.de
www.kartarena-saalfeld.de
Öffnungszeiten
Di.–Do. 17–23 Uhr,
Fr. 17–1 Uhr,
Sa. 14–2 Uhr,
So. 13–23 Uhr, in den Ferien auch Mo. und an den anderen Werktagen ab 15 Uhr geöffnet

Eine großzügige Parkanlage rund um die Schaugrotten bietet den Besuchern vielfältige Freizeitmöglichkeiten. Neben dem Bergbau- und Naturlehrpfad mit Modellen des einstigen Alaunsiedebetriebs laden eine Picknickinsel und ein großer Abenteuerspielplatz zum Verweilen ein.

Rezept

Thüringer Klöße
1500 Gramm rohe mehlige Kartoffeln auf einer Reibe in eine Schüssel mit kaltem Wasser reiben. 500 Gramm mehlig kochende Kartoffeln sowie die Reste der geriebenen Kartoffeln in Salzwasser weich kochen. Das Kochwasser abgießen und die Kartoffeln durch eine Presse drücken oder zerstampfen. Mit heißer Milch zu einem dicklichen Brei kochen, mit Salz, Pfeffer und etwas Muskat würzen. Die geriebenen rohen Kartoffeln vorsichtig abgießen, zweimal mit frischem Wasser auffüllen und abgießen. Diese Kartoffelmasse in einem Leinentuch oder Leinenbeutel so auspressen, bis die Masse ganz trocken ist. In einer Schüssel mit zwei Gabeln lockern und sofort mit dem heißen Kartoffelbrei mischen und gut verrühren. Drei bis vier Scheiben Toastbrot entrinden und würfeln, in reichlich Butter goldgelb rösten. Aus der festen Kartoffelmasse (eventuell ein bis zwei Esslöffel Kartoffelstärke hinzufügen) Klöße drehen und mit ein paar Brotwürfeln füllen. In Salzwasser 15 bis 20 Minuten ziehen lassen.

Saalfeld

Historischer Stadtrundgang, Allwetterrodelbahn und Hochseilgarten

Das Wahrzeichen von Saalfeld ist die Burgruine „Hoher Schwarm" aus dem 13. Jahrhundert. Den Beinamen „Steinerne Chronik Thüringens"

verdankt die über 1000-jährige Stadt den zahlreichen historischen Bauwerken. Sehenswert sind im alten Stadtkern das Rathaus mit seiner kunstvollen Fassade, die alten Patrizierhäuser mit den aufwändigen Giebeln, Torbögen und Erkern. In der Nähe der „Liden", einem Laubengang aus dem 16. Jahrhundert, erhebt sich St. Johannis, eine der größten Hallenkirchen Thüringens. In den Kreuzgängen und Gewölben des um 1300 erbauten Franziskaner-Klosters befindet sich heute das Stadtmuseum mit einer umfangreichen kunst- und kulturgeschichtlichen Sammlung. Auch die vier gut erhaltenen Stadttore mit Teilen der ehemaligen Stadtmauer sind steinerne Zeugen des ausgedehnten Handelsverkehrs der mittelalterlichen Stadt.

Die Allwetterrodelbahn auf der Saalfelder Höhe ist ein Vergnügen für Jung und Alt. Das Rodeln auf den Zweierschlitten ist zu jeder Jahreszeit möglich. Nach dem Start geht es sogleich durch einen 25 Meter langen Tunnel. Bei Geschwindigkeiten bis zu 40 Kilometer pro Stunde saust der Schlitten durch das landschaftlich schöne Tal des Hopfgartens. Unten im Tal angekommen, führt ein Lift wieder bergauf und das Vergnügen der Talfahrt beginnt von neuem.

Wo macht das Verwirren richtig Spaß? In Thüringens größtem Irrgarten. Über 2 200 Nadelbäume

Burgruine Hoher Schwarm

Stadtmuseum Saalfeld

Münzplatz 5
07318 Saalfeld
Tel.: 0 36 71/59 84 71
Fax: 0 36 71/59 84 70
▶ Öffnungszeiten
Di.–So. 10–17 Uhr
▶ Eintritt
Erwachsene € 2,–,
Kinder € 0,50

Kinder- und Jugenderholung Dittrichshütte e. V.

Panorama 1
07422 Dittrichshütte
Fax: 03 67 41/26 77
www.kiezdittrichshuette.de
Allwetterrodelbahn
Tel.: 03 67 41/5 65 65
▶ Öffnungszeiten
Apr.–Okt.
tägl. 10–18 Uhr,
Nov.–März
tägl. 10–16 Uhr
▶ Fahrtkosten
Erwachsene € 2,10,
Kinder
unter 14 Jahre € 1,60
Ermäßigung bei
5er-Karten
Labyrinth
Tel.: 03 67 41/26 76
▶ Öffnungszeiten
Apr.–Okt. Di.–So.
14–18 Uhr
Nov.–März auf Anfrage
▶ Eintrittspreise
Erwachsene € 1,60,
Kinder unter 14 Jahre
€ 1,10
Ermäßigung bei
5er-Karten

> **TIPP**
>
> Wie haben Mensch und Maschine zu Beginn des vorigen Jahrhunderts gearbeitet? Jeweils an einem Tag im Monat, meistens samstags, öffnet das Technische Schauobjekt Metallschraubenfabrik seine Tore.
> **Technisches Schauobjekt Metallschraubenfabrik**
> Industriearchäologie Thüringen e. V.
> Grabaer Str. 1
> 07318 Saalfeld
> Kontakt über Herrn May, Erfurt
> Tel.: 0 36 71/56 29 22 66
> Tel.: 0 36 71/5 58 70
> Fax: 0 36 71/55 87 11
> **Öffnungszeiten**
> März–Nov. jeweils 1 Tag im Monat
> Eintritt frei

säumen die 971 Meter langen verwinkelten Wege im grünen Adventure Labyrinth im Dittrichshütter Kinderdorf. Die Besucher müssen mehrere so genannte Urwaldbrücken erklimmen. Als Lohn winkt am Ende des Labyrinths eine Superrutsche, die zu rasanter Hosenbodenfahrt einlädt. Aber auch ohne Brücken und Rutsche gelangt man letzten Endes zum Ausgang.

Wer älter als 14 Jahre und schwindelfrei ist, wagt den Besuch des Hochseilgartens und balanciert auf starken Seilen in luftiger Höhe. Etwa 15 Übungen unterschiedlicher Schwierigkeitsgrade werden erklettert und begangen. Zu den Attraktionen gehören Kletterwand, Riesenschaukel, Flying Fox: Eine rasante Fahrt mit einer losen Rolle an einem etwa 80 Meter langen Seil, und Pamper Pole: Aufsteigen an einem freistehenden Stamm, Stehen und Springen.

Hochseilgarten Saalfeld-Bergfried

Bernd Roth
Köditzgasse 1 a
07318 Saalfeld
Tel.: 0 36 71/45 82 35
Fax: 0 36 71/45 82 36
E-mail: bernd.roth@thueringer-hochseilgarten-saalfeld.de
www.thueringer-hochseilgarten-saalfeld.de
Öffnungszeiten
ganzjährig, Gruppen und Einzelpersonen nur nach telefonischer Anmeldung
Eintritt
bei einer Gruppe mit 20 Personen € 26,– je Pers. für 3 Std., ab 10 Personen 1 Tag € 87,– je Pers.

Burg, Ilsenhöhe, Stausee Hohenwarte

Die Kleinstadt im grünen Herzen Deutschlands liegt östlich von Saalfeld, wenige Kilometer von der B 281 entfernt.

Die Burganlage erhebt sich über der Stadt und vom Bergfried mit der kupfernen Haube genießen die Besucher einen prächtigen Blick über das Land. Im Museum der Burg wird die Geschichte rund um Ranis und der Burgherren erzählt. Einmalig ist das seismologische Kabinett des Museums. Es entstand in Zusammenarbeit mit der Großstation für Erdbebenregistrierung in Moxa. Die Besichtigung der Ilsenhöhe unterhalb der Burg, sie zählt zu den bedeutendsten Fundstätten altsteinzeitlicher Kulturen Mitteleuropas, des Burgverlieses im Hungerturm, des großen Burgkellers und der Burgküche machen den Besuch von Burg Ranis zu einem besonderen Erlebnis.

Information

Stadt Ranis
Bürgermeisteramt
Pößnecker Str. 49
07389 Ranis
Tel.: 0 36 47/44 28 92
Fax: 0 36 47/43 45 39
E-mail: rathaus@stadt-ranis.de
www.stadt-ranis.de

Heimatmuseum auf Burg Ranis

07389 Ranis
Tel.: 0 36 47/41 33 45
▶ **Öffnungszeiten**
Mai.–Okt. Di.–Fr.
10–12 Uhr, 13–17 Uhr,
Nov.–Apr. Di.–Fr.
10–12 Uhr, 13–16 Uhr,
Jan.–Dez. Sa., So. und Feiert. 13–17 Uhr
▶ **Eintritt**
Erwachsene € 2,–,
Kinder € 1,–

TIPP FÜR NATURFREUNDE

Unterhalb des Sportplatzes der staatlichen Grundschule in Ranis liegt der rund 2000 Quadratmeter große Naturlehrgarten mit etwa 30 Biotopen, 65 Wildsträuchern, 22 Wildrosen- und 12 Weidenarten.
Naturlehrgarten
▶ **Öffnungszeiten**
jederzeit
▶ **Führungen**
nach telefonischer Anmeldung
Tel.: 0 36 47/41 26 94

TIPP FÜR VERLIEBTE

Hochzeitspaare können sich im festlich geschmückten Galeriesaal der Burg Ranis trauen lassen. Der Burghof eignet sich beispielsweise für das traditionelle Holzsägen und Böllerschießen. Und gegen eine kleine Gebühr gibt die Stadt Ranis auf ihrer Internetseite vier Wochen Ihre Vermählung bekannt.
Information
Standesamt Ranis
Pößnecker Str. 49
07389 Ranis
Tel.: 0 36 47/44 28 92
Fax: 0 36 47/42 39 45
e-mail: rathaus@stadt-ranis.de

Fahrgastschifffahrt

Hohenwarte GmbH
Sperrmauer
07338 Hohenwarte
Tel.: 03 67 33/2 15 28
Fax: 03 67 33/3 19 73
www.fahrgastschiff-fahrt-hohenwarte.de
Fahrtplan
Apr.–Okt. tägl. Rundfahrten, Kaffeefahrten

Wenige Kilometer südlich von Ranis verkehren auf einem der größten Stauseen Deutschlands moderne Fahrgastschiffe.

Burgk

Orgelmusik und Mittelalter

Schloss Burgk liegt rund 5 Kilometer entfernt von der A 9 in der Nähe von Schleiz.

Die Schlossanlage mit den mittelalterlichen Wehranlagen wurde stilistisch von der Gotik bis zum Barock geprägt. Schloss Burgk wird als Museum genutzt. Da gibt es in schlichter Eleganz den Rittersaal mit Ritterrüstungen und verschiedenen Stangenwaffen, den Speisesaal mit barocken Wandgemälden, einen hübschen Chinasalon, ein Jagdzimmer mit interes-

Schloss Burgk

santen Geweihmöbeln, Waffen und Trophäen. Im Prunkschlafgemach wird das Bett zum Thron staatsmännischer Geschäfte erhoben. Die Schlossküche ist sehenswert wegen Deutschlands größtem Küchenkamin und einem mechanischen Bratenwender. In der Schlosskapelle befindet sich die berühmte Silbermannorgel von 1742/43. Sie gehört zu den besterhaltenen Orgeln des großen Meisters. Das Museum beherbergt drei Spezialsammlungen, die dem Buch gewidmet sind: eine Exlibris-Sammlung, eine Bibliothek und eine Sammlung von Künstlerbüchern der Gegenwart. Es finden Kammermusik- und Serenadenabende, Bankette, Puppentheater, moderne Musik und Lesungen statt. Wer sich traut, kann sich hier auf Schloss Burgk in romantischer Umgebung trauen lassen.

Beim mittelalterlichen Spektakel im August lassen Ritter und Edelfrauen, Gaukler und Musikanten, Handwerker, Händler und Wahrsager, Diebe und Bettler das Mittelalter wieder aufleben. Speisen und Getränke sind zünftig und allerlei Spiel und Spielerei sorgen für gute Laune.

Schloss Burgk ist nicht nur die älteste und größte Schlossanlage des Thüringer Oberlandes, sondern gilt als eines der schönsten Schlösser Deutschlands. Es liegt malerisch eingebettet in einer reizvollen, bisweilen bizarren und waldreichen Landschaft zwischen Bleiloch- und Hohenwarte-Talsperre. Die Saale und die umlie-

Regionaler Fremdenverkehrsverband

Parkstr. 5
07356 Lobenstein
Tel.: 03 66 51/23 39
Fax: 03 66 51/22 69
E-Mail: info.ts-os/
t-online.de
www.thueringer.
schiefergebirge-
obere-saale.de

Schloss Burgk

07907 Burgk/Saale
Tel.: 0 36 63/40 01 19
Fax: 0 36 63/40 28 21
E-Mail: museum@
schloss-burgk.de
www.
schloss-burgk.de
▶ **Öffnungszeiten**
Apr.– Okt. Di.–So.
10–17 Uhr,
Nov.–März Di.–Fr.
10–16 Uhr,
Sa. und So. 12–17 Uhr
▶ **Eintritt**
Erwachsene € 3,–,
Kinder € 1,50
Orgelvorführung nach Anmeldung
€ 2,– (ohne Schlossbesichtigung),
€ 3,– (mit Schlossbesichtigung)
Führung
nach Anmeldung
Erwachsene € 4,–,
Kinder € 2,–
Sonderführung
Burgk total
Erwachsene € 5,50,
Kinder € 3,–

EINKEHR-TIPPS

Gasthaus Schlossterrasse
Ortsstr. 11
07907 Burgk
Tel.: 0 36 63/40 23 41
Öffnungszeiten
Di.–So. 11–18 Uhr

Gasthaus Zum Saaleblick
Ortsstr. 6
07907 Burgk
Tel.: 0 36 63/40 23 43
Öffnungszeiten
tägl. 11–22 Uhr

Tipp

Nur 12 Kilometer von Schloss Burgk entfernt liegt der Schlosspark Ebersdorf mit dem von Ernst Barlach geschaffenen Grabmal für Heinrich XLV. Erbprinz Reuß j. L

Schleiz

Schleizer Dreieck und barocke Bergkirche

Tourist-Information

Bis Nov.2002:
Bahnhofstr. 1
07907 Schleiz
Tel.: 0 36 63/
4 80 41 37
Fax: 0 36 63/42 32 20
E-mail:
stadt@schleiz.de
www.schleiz.de

Schleizer Dreieick

07907 Schleiz
Tel.: 036 63/40 34 00
Fax: 0 36 63/40 01 25
www.schleiz.de

Veranstaltungen

Frühjahrstreffen für Oldtimer und ehemalige Ostblockfahrzeuge und Castrol-Ralley Thüringen, jeweils im Mai, Trucker-Festival und größtes Bikertreffen Deutschlands, jeweils im Juni, Super Moto, im Juli, Internationales Schleizer Dreieckrennen, im August.

An der A 9 Berlin-München sowie an der B 2, südlich von Neustadt an der Orla, liegt die Rennstadt Schleiz.

Seit 1923 lockt die älteste Naturrennstrecke, das Schleizer Dreieck, die Freunde „heißer Öfen" nach Thüringen. Neben zahlreichen vielbesuchten nationalen und internationalen Rennen findet hier an verschiedenen Tagen im Jahr ein Sicherheitstrainung für PKW und Motorräder statt. Es

gibt Geschicklichkeitsturniere für Automobile und es wird ein Kfz-Veteranen- und Teilemarkt abgehalten. Zu den beliebten Veranstaltungen gehören auch das US-Car-Treffen und die Ausstellung historischer Landmaschinen.

Auf dem Neumarkt in Schleiz fällt dem Besucher die Alte Münze mit ihren Barocktürmen ins Auge. 1678 wurde das herrschaftliche Farbhaus von 1647 zur Münze umgebaut. Münzwardein war Johann

Adam Böttger, dessen Sohn Johann Friedrich 1682 hier geboren wurde. Er gilt als Erfinder des europäischen Porzellans. Ein anderer großer Sohn der Stadt war Dr. Konrad Duden, der Reformator der deutschen Schriftsprache, der von 1869 bis 1876 am Gymnasium Rutheneum tätig war.

Rezept

Schleizer Bamser
Für dieses süße Hauptgericht werden 750 Gramm mehlig kochende Kartoffeln gekocht, gepellt und durch die Presse gedrückt oder zerstampft. Die gleiche Menge Äpfel schälen, vierteln, entkernen und nicht zu fein zu den Kartoffeln raspeln. Nun 2 Eier mit 100 Gramm Zucker, 1 guten Prise Salz, etwas geriebener Zitronenschale und 1 Päckchen Vanillezucker verrühren. Diese Mischung mit der Kartoffel-Apfel-Masse mischen. 2 Eiweiße zu festem Schnee schlagen und unter den Teig heben. 125 bis 200 Gramm Mehl mit der Kartoffelmischung verrühren, so dass eine gut formbare Masse entsteht. Daraus fingerdicke und fingerlange Rollen formen, die an den Enden etwas spitz zulaufen. Reichlich Butterschmalz in einer Pfanne erhitzen und die Bamser darin auf allen Seiten goldgelb braten. Heiß mit Zucker und Zimt bestreuen und sofort servieren..

Lobenstein, Lehesten, Wurzbach

Alter Turm und Technische Schaudenkmäler

Südlich von Saalfeld, an der B 90, liegt das Moorbad Lobenstein. Einen schönen Rundblick über das Thüringer Schiefergebirge genießt der Betrachter vom Alten Turm der ehemaligen Wehrburg am Ende des Marktes. Auf dem Markt zu Lobenstein gibt´s etwas zum Schmunzeln. Da ste-

---

Bergkirche

07907 Schleiz
Tel.: 0 36 63/40 43 68
oder 42 23 42
▶ **Öffnungszeiten**
Mai.–Okt. Di.–So.
14–16 Uhr
oder nach telefonischer Voranmeldung
▶ **Eintritt frei**
Orgelkonzerte
Juni, Juli, Aug., Sa.
15.30
▶ **Eintritt frei**

Fremdenverkehrsamt der Stadt Moorbad Lobenstein

Graben 18
07356 Lobenstein
Tel. und Fax:
03 66 51/25 43
E-mail: info@lobenstein-moorbad-de
www.moorbad-lobenstein.de

hen zum einen drei langohrigen Bronzehunde und in luftiger Höhe unterhalb der Rathausuhr das Männeken-Piss, das nur mittags Schlag 12 Uhr in Aktion tritt. Damit reagierten die Lobensteiner humorvoll auf ihre Spottbezeichnung „Fässlesecher". Einst brauchten die Lobensteiner Tuchmacher zum Walken ihrer Stoffe große Mengen Harnstoff, weshalb in jeder Tuchmacher-Stube ein Pinkelfass stand.

Ein paar Kilometer nordwestlich von Lobenstein liegt der Thüringer Schieferpark in der Berg- und Schieferstadt Lehesten. Im Schieferpark erleben die Besucher Technik und Natur in seltener Harmonie. Wer geschickt ist, kann hier ein originelles Souvenir aus Schiefer selbst herstellen. Die Führung zeigt den Tagebau, eine einzigartige Göpelschachtanlage, das Spalten und Schneiden von Schiefer.

Ein anderes Technisches Schaudenkmal ist die Heinrichshütte in Wurzbach, malerisch gelegen an der Sormitz. Hier werden noch Gußstücke für die

---

Regionalmuseum Lobenstein

Am Schlossberg 20
07356 Lobenstein
Tel.: 03 66 51/24 92
E-mail: info@lobenstein-moorbad.de
www.moorbad-lobenstein.de
Öffnungszeiten
Mai–Sept. Di.–Fr.
11–17 Uhr,
Sa. 13–18.30 Uhr, So.
11–18.30 Uhr,
Okt.–Apr. Mi.–Fr.
13–16 Uhr, Sa. und
So. 10–16 Uhr
Eintritt
Erwachsene € 2,–,
Kinder € 1,–

FESTE

Alljährlich findet im August in Lobenstein das Marktfest statt. Einer der Höhepunkte ist eine Trauung, bei der das Paar vor aller Augen den Ferkelkuss über sich ergehen lassen muss.

Thüringer Schieferpark

Staatsbruch 1
07349 Lehesten
Tel.: 03 66 53/2 22 12
Fax: 03 66 53/2 62 67
Öffnungszeiten
Führungen
Di.–Do. 10 und
13 Uhr, Fr. 10 Uhr, im
Sommer auch 13 Uhr,
Sa. und So.
10 und 14 Uhr
Eintritt
Erwachsene € 4,–,
Kinder € 2,–
Besucherbergwerk nur auf Voranmeldung

Denkmalpflege hergestellt. Zweimal im Monat findet mittwochs ein Schaugießen statt.

> **Gießerei Heinrichshütte**
>
> Lobensteiner Str. 44
> 07341 Wurzbach
> Tel.: 03 66 52/2 27 17
> **Öffnungszeiten**
> Führungen Mo.–Do.
> 9–15 Uhr, Fr. 9–11 Uhr,
> Sa. und So.
> nach Voranmeldung
> **Eintritt**
> Erwachsene € 3,–,
> Kinder 1,–

AUSFLUG-TIPP

Kutsch-, Kremser- und Pferdeschlittenfahrten
Walter Söll
Teichgasse 1
07356 Lobenstein
Tel.: 03 66 51/22 48

Ziegenrück

Wasserkraftmuseum

Der staatlich anerkannte Erholungsort Ziegenrück, die „Perle im oberen Saaletal", liegt zwischen Lobenstein im Süden und Pößneck im Norden in der Nähe der A 9 und inmitten einer reizvollen Natur. Sehenswert ist das Rathaus von 1577 und die spätgotische Stadtkirche von 1222 mit der berühmten Silbermann-Orgel.

Die Fernmühle von 1258 diente viele Jahrhunderte als Schneid-, Öl- und Mahlmühle, bevor sie Ende des 19. Jahrhunderts zum Wasserkraftwerk umgebaut wurde.
Seit 1966 ist das Wasserkraftwerk ein Museum und steht unter Denkmalschutz. Hier können

> **Information**
>
> Stadtverwaltung
> Fremdenverkehrsamt
> Platz der Jugend 2
> 07924 Ziegenrück
> Tel.: 03 64 83/2 26 49
> Fax: 03 64 83/2 04 16
> E-mail: fremdenverkehrsamt.ziegenrueck@t-online.de
> www.ziegenrueck.de

Mühle, Wasserkraftwerk, Museum

Wasserkraftmuseum

Lobensteiner Str. 6
07924 Ziegenrück
Tel.: 03 64 83/76 06
Fax: 03 64 83/7 60 74
Öffnungszeiten
Mai–Okt. Di.–So.
10–17 Uhr, Nov.–Apr.
Di.–Fr. 10–16 Uhr,
Sa.und So. 13–16 Uhr
Eintritt
Erwachsene € 2,50,
Kinder € 1,–

sich die Besucher über die Geschichte der Wasserkraftnutzung an der Saale und die Saaleflößerei informieren. Leckere Thüringer Küche wird im Café-Restaurant serviert. Damit´s den Gästen gut bekommt, wird ein Verdauungsschnaps mit dem wohlklingenden Namen „Krabbeldiewandnuff" gereicht.

Saalburg

Stausee, Märchenwald, Sommerrodelbahn

Nur wenige Kilometer von der A 9 entfernt liegt an Deutschlands größtem Stausee, der Bleilochtalsperre, die Stadt Saalburg. Namengebend war die Saalburg, deren Bergfried 1913 einstürzte. Der Stumpf und die immer noch vom See aus sichtbaren Grundmauern der alten Burg sind die letzten Zeugen. Das älteste, noch erhaltene Bauwerk ist die Kirche St. Marien, die vor 1223 gegründet wurde. Das reizende Rathaus stammt auch aus dem Mittelalter.

Fremdenverkehrsamt

Markt 73
07929 Saalburg
Tel.: 03 66 47/2 90 80
Fax: 03 66 47/2 90 82
E-mail:
fremdenver@aol.com
www.saalburg-
saale.de

Fahrgastschifffahrt Saalburg

Am Torbogen 1
07929 Saalburg
Tel.: 03 66 47/2 22 50
Fax: 03 66 47/2 39 67
Rundfahrten
Erwachsene 1 Std.
€ 7,–, Kinder € 3,50.
2 Std. € 11,–/€ 6,–
Abendfahrten
€ 18,–/€ 9,-

Bleilochtalsperre

Der Stausee bietet mannigfachen Freizeitspaß auf dem und am Wasser. Die Staumauer der Talsperre ist 250 Meter lang und 65 Meter hoch, sie wurde 1932 fertiggestellt. Der See hat eine Länge von 28 Kilometer und fasst 215 Mio. Kubikmeter Wasser. Man kann am Ufer entlang wandern und radeln, im See baden und angeln, auf dem Wasser surfen, segeln, Wasserski laufen und Boot fahren. Es finden vom Frühjahr bis zum Herbst ein- und zweistündige Stauseerundfahrten statt, im Sommer sind die Mondscheinfahrten sowie die OTZ-Riverboat-Dixie-Night beliebte Abendveranstaltungen.

Im Märchenwald können sich Familien einen ganzen Tag lang aufhalten, Spaß haben und Europas größtes Hexenhaus bewundern, durch den Märchengarten schlendern, Schneewittchen und die sieben Zwerge, Rotkäppchen und die Bremer Stadtmusikanten begrüßen, Schafe, Bergziegen, Streifenhörnchen beobachten und streicheln. Für die Kleinsten gibt es lustige Fahrgeschäfte. Der Märchenwald ist auch für Rollstuhlfahrer geeignet.

Es gibt Vergnügen, die nur kurze Zeit Saison haben, wie beispielsweise das Rodeln. Wie gut, dass es in Saalburg eine rasante Sommerrodelbahn gibt.

Boots- und Fahrradverleih

Saalesport GmbH
Am Strandbad 1
07929 Saalburg
Tel.: 03 66 47/2 24 07

Märchenwald Saalburg

Dornbachgrund 1
07929 Saalburg
Tel. und Fax:
03 66 47/2 22 18
Öffnungszeiten
15. März–31.Okt.
tägl. 9–18 Uhr
Eintritt
Erwachsene € 3,50,
ermäßigt ab € 2,–

Sommerrodelbahn

Am Kulmberg 1 a
07929 Saalburg
Tel.: 03 66 47/2 22 26
Fax: 03 66 47/2 39 67
Öffnungszeiten
Ostern bis Ende Okt.
tägl. 10–17 Uhr
Fahrtkosten
Erwachsene € 2,–,
Kinder € 1,50

TIPP

Ferien auf dem Lande
Wo einst rüstige Ritter residierten, finden heute Jung und Alt Erholung und Entspannung. Das ehemalige Rittergut liegt eingebettet zwischen dichten Wäldern und weiten Wiesen. Den Gästen stehen Sauna, Freilandschach, Spielscheune und Spielplatz zur Verfügung, große und kleine Tierfreunde finden auf dem Gut rund 30 Haus- und Nutztiere zum Kuscheln und Streicheln.

Feriengut Dietzsch
Renate Pötzl
Zoppoten Nr. 55
07368 Ebersdorf
Tel.: 03 66 47/2 39 84
Fax: 03 66 47/2 39 85

Stadtmuseum und Museumsbrauerei

Pößneck an der B 281 liegt zwischen Saalfeld und Neustadt an der Orla. Sie ist die größte Stadt in der Orlasenke, deren Geschichte bis ins Mittelalter reicht. Der schiefe Marktplatz ist eine Besonderheit von Pößneck. Hübsch anzusehen ist der Marktbrunnen von 1521 mit dem Marktborn-

männchen. Das spätgotische Rathaus stammt aus der Zeit von 1478 bis 1531. Die Rathausuhr, die goldenen Kugel, geht tatsächlich nach dem Mond, zeigt sie doch die einzelnen Mondphasen an. Das Stadtmuseum im Rathaus erzählt die Geschichte der Stadt.

Fremdenverkehrsamt

Glockenturm
Gerberstr. 6
07381 Pößneck
Tel.: 0 36 47/41 22 95
und 50 47 69
Fax: 0 36 47/50 47 68
E-mail: fva@poessneck.de
www.poessneck.de

Marktbrunnen vor dem Rathaus

Stadtmuseum

Markt 1
07381 Pößneck
Tel.: 0 36 47/50 03 06
Fax: 0 36 47/50 03 00
E-mail: stadt@poessneck.de
www.poessneck.de
Öffnungszeiten
Di. 9–12 Uhr, 14–18 Uhr, Mi. und Do. 9–12 Uhr, 14–16 Uhr, Fr. 9–12 Uhr, So. 14–17 Uhr
Eintritt
Erwachsene € 1,50, Kinder € 1,–

Rosenbrauerei und Museum

Karl-Marx-Str. 3
07381 Pößneck
Tel.: 0 36 47/4 10 90
Fax: 0 36 47/41 27 05
Öffnungszeiten
Besichtigung nur nach Voranmeldung, Mo.–Do. 8–16 Uhr, Fr. 8–12 Uhr
Eintritt
Erwachsene € 1,–, Kinder frei

Wer bei seinem Stadtspazierung lokale Spezialitäten versuchen möchte, wählt Berggold-Schokolade oder ein süffiges Bier aus der Rosenbrauerei, gegründet 1866, die nach Voranmeldung von Gruppen ab fünf Personen besichtigt werden kann.

Neustadt an der Orla

Naturlehrpfad, Bismarckturm und Heimatmuseum

Wenige Kilometer östlich von Pößneck, an der B 281, liegt Neustadt an der Orla. Die idyllische Umgebung mit ihren bewaldeten Höhenzügen lädt zum Wandern und Spazierengehen ein. Mitten im Wald steht der Bismarckturm, der einen weiten Rundblick über die Orlasenke gestattet. Hier führt der rund 1,2 Kilometer lange Natur-, Spiel- und Erlebnispfad entlang. Insgesamt gibt es 28 Stationen, dazu gehören die Insektenwand, ein

EINKEHR-TIPP

Ratskeller
Markt 1
07381 Pößneck
Tel.: 0 36 47/41 20 23
▶ Öffnungszeiten
So. und Mo.
11–15 Uhr,
Di.–Sa. 11–21 Uhr

■ **Information**

Stadtverwaltung
Kultur- und
Fremdenverkehrsamt
Markt 1
07806 Neustadt an der Orla
Tel.: 03 64 81/8 51 21
Fax: 03 64 81/8 51 04
E-mail: info@neustadtanderorla.de
www.neustadtanderorla.de

■ **Bismarckturm**

▶ Öffnungszeiten
Winter So. 13–16 Uhr,
Sommer Sa. und So.
13–17 Uhr
Naturlehrpfad
Gruppenführungen
nach Voranmeldung
Tel.: 03 64 81/2 31 44

Bismarckturm

Heimatmuseum

Kirchplatz 7
07806 Neustadt
an der Orla
Tel.: 03 64 81/8 51 25
Fax: 03 64 81/8 51 04
Öffnungszeiten
Di. und Do. 14–17 Uhr,
Sa. 10–12 Uhr,
14–17 Uhr,
So. 10–12 Uhr
Eintritt
Erwachsene € 2,–,
Kinder € 1,–

Spielplatz, eine Schaukelbrücke, die Klangorgel und Wurzelwerke.

Während einer Stadterkundung fällt dem Betrachter der weite Markt auf, der auf die frühere, große Bedeutung des Ortes als Handelsplatz hinweist. Einmalig in Europa sind die Fleischbänke von 1475. Das Heimatmuseum zeigt stadtgeschichtliche Zeugnisse, traditionelles Handwerk wie Gerberei, Tuch- und Schuhmacherei sowie die Geschichte des Karussells.

TIPPS FÜR KIDS

Wenige Kilometer südlich von Neustadt liegt in Linda die Knapp-Mühle. Drum herum nichts als Natur und das Landschaftschutzgebiet Plothener Teiche. Hans von der Mühle veranstaltet unter anderem Spiel und Spaß für Kindergartenkinder, für Erstklässler wird das Zuckertütenfest gefeiert, Kinder dürfen mit der Kutsche, gezogen vom Esel namens „Geheimrat vom Mühlacker", fahren und mit dem freundlichen Hund "Lola vom Hügel" um die Mühle toben. Vielfältige Veranstaltungen gibt es aber auch für Erwachsene jeden Alters.
Knapp-Mühle
Hans und Brunhilde Knapp
07819 Linda
Tel.: 03 64 81/2 38 36
Öffnungszeiten
jeden So. 14–18 Uhr und nach Vereinbarung
Mühlenabende
jeden 1. Sa. im März–Mai, Okt.–Dez.
ab 19 Uhr

Hawaii am Stausee

Zeulenroda liegt im Landkreis Greiz an der B 94, östlich davon führt die A 9 vorbei. Hier befindet sich Europas erstes Wasserfreizeitparadies mit hawaiianischem Ambiente. In dieser weitläufigen Anlage lockt das Tropenbad mit verschiedenen Wasserspaßattraktionen, Superrutschen von über 200 Meter Länge und einer Grotte mit einem Unterwasseraquarium. In dem Sportbad trainieren die sportlichen Gäste. Damit die Jüngsten ohne Angst ihre Bahnen durchs kühle Nass ziehen können, werden Schwimmkurse für Babys und Kleinkinder abgehalten. Für die Kinder wurde ein hübscher Spielplatz eingerichtet. In der Saunawelt gibt es eine Dampfsauna, eine finnische Sauna, eine Bio-Fire-Sauna sowie vier Sauna-Blockhäuser, ein Sole-Schwimmbecken im Außenbereich, modernste Solarien sowie eine gemütliche Saunabar. Nicht versäumen sollte man die hawaiianischen Massagen Kahi Loa und Lomo-Lomi, ein überaus wohltuender Genuss für Körper und Geist.

Fremdenverkehrsverein Thüringer Vogtland e. V.

Schuhgasse 7
07937 Zeulenroda
Tel.: 03 66 28/8 24 41
Fax: 03 66 28/8 92 76
E-mail:info.thvogt@t-online.de
www.thueringen-vogtland.de

Badewelt Waikiki

Am Birkenwege 1
07937 Zeulenroda
Tel.: 03 66 28/73 70
Fax: 03 66 28/7 37 37
E-mail: info@badewelt-waikiki.de
www.badewelt-waikiki.de
▶ **Öffnungszeiten**
Mo.–Do. 9–22 Uhr, Fr. und Sa. 9–23 Uhr, So. und Feiert. 9–22 Uhr
▶ **Eintritt**
Tropen- und Sportbad 90 Min.
Erwachsene € 5,–,
Kinder € 3,50
Sauna, Sport- und Tropenbad 90 Min.
Erwachsene € 12,–,
Kinder € 10,–
Wochenend- und Feiertagzuschlag je Pers. € 1,50

Tropischer Badespaß

Überall entdeckt der Reisende Sehenswürdigkeiten, die einmalig sind, wie die Höhler in Gera, das Dobermann-Denkmal in Apolda, das Lindenau-Museum in Altenburg, das größte Gemälde der Welt in Bad Frankenhausen, die Harzquerbahn in Nordhausen, den alternativen Bärenpark in Worbis, die prachtvoll ausgestattete Schlosskirche in Eisenberg, ein Erlebnisbergwerk, in dem es Konzerte und Hochzeiten gibt, in dem Sportler rennen und radeln und mutige auf dem „Arschleder" durchs Salz rutschen.

Thüringens Osten und Norden

Bäder und Bahnen, Höhlen und Bären

Historische Bahnen und moderne Bäder, Freizeitvergnügen über und unter Tage

Eisenbahnen haben die Menschen seit ihrer Erfindung fasziniert. In diesem Teil Thüringens finden die Eisenbahnfreunde Vergnügen an der dampfenden Harzquerbahn und an einer riesigen Modelleisenbahnanlage. Wellness, Spaß und Sport in Thermalbädern sind ebenso beliebt wie Ausflüge in die Unterwelt. Nicht zu kurz kommen Kunstgenuss und Naturschauspiel.

Seite 150/151:
Winterliches
Heiligenstadt

Informationen

Tourismusverband
Ostthüringen e. V.
Greizer Str. 39
07545 Gera
Tel.: 03 65/8 31 01 26
Fax: 03 65/2 90 02 51
E-mail: Tour-Ost@t-online.de
www.tourismus-ostthueringen.de

Otto Dix und Werner Tübke haben hier gemalt, Theodor Storm und Johann Wolfgang Goethe haben hier gedichtet, Martin Luther und Thomas Müntzer haben hier gepredigt, Bach hat hier die Menschen mit seinem Orgelspiel erfreut. Herr Dobermann hat in Apolda die Dobermänner gezüchtet. In Altenburg wurde das Skatspiel erfunden. Im Osten und Norden Thüringens werden nicht nur köstliches Bier gebraut und bekömmliche Schnäpse gebrannt. Hier befindet sich auch eines der kleinsten deutschen Weinanbaugebiete, das Tor zum Weinanbaugebiet Saale-Unstrut liegt in Bad Sulza. In Weißensee findet an Pfingsten der berühmte Stein-

HIGHLIGHTS DER REGION

Gera – Museum im Höhler Nr. 188	155
Altenburg – Spielkartenmuseum	158
Mit der Kohlebahn durchs Altenburger Land	162
Bad Sulza – Toskana Therme	167
Wiehe – Modelleisenbahnanlage	168
Bad Frankenhausen – Panorama Museum	174
Nordhausen – Harzquerbahn	176
Sondershausen – Erlebnisbergwerk Glückauf	178
Mühlhausen – Bach-Orgel und Müntzer-Gedenkstätte	182

schleuderweitwurf mit 400 Kilogramm schweren Steinen statt. Im Naturpark Kyffhäuser ist nicht nur die herrliche Landschaft Anziehungspunkt, sondern auch das Kyffhäuserdenkmal und der Barbarossaturm. Überall laden gemütliche Gasthäuser zum Verweilen ein und verwöhnen die Gäste mit typisch Thüringer Spezialitäten. So gestärkt, machen ein Museums- oder Schlossbesuch, ein Bummel durch historische Altstädte, eine Wanderung zu Lande oder zu Wasser richtig Spaß.

Kyffhäuser Information

Anger 14
06567 Bad Frankenhausen
Tel.: 03 46 71/7 17 16
Fax: 03 46 71/7 17 19
E-mail: Kyffhaeuser-FVV@t-online.de
www.kyffhaeuser.de/tourismus

Greiz

Oberes und Unteres Schloss

Greiz liegt östlich von Zeulenroda und südlich von Gera an der B 92 und B 94. Wahrzeichen der Stadt ist das Obere Schloss. Es wurde nach einem Brand im 16. Jahrhundert wieder errichtet. Ein geführter Rundgang durch die markante Schlossanlage mit einer Turmbesteigung ist empfehlenswert.

Unterhalb des Oberen Schlosses erstreckt sich der Greizer Park, ein Landschaftsgarten im englischen Stil mit dendrologischen Besonderheiten. Sehenswert ist die Blumenuhr, die zweimal im Jahr neu bepflanzt wird und mit einer elektronisch betriebenen Uhr ausgestattet ist. Das Sommerpalais entstand im 18. Jahrhundert.

Seit 1922 ist hier die Staatliche Bücher- und Kupferstichsammlung untergebracht. In Gartensaal

Greiz-Information

Burgplatz 12/
Unteres Schloss
07973 Greiz
Tel.: 0 36 61/68 98 15
Fax: 0 36 61/70 32 91
E-mail: fva@greiz.de
www.greiz.de

Oberes Schloss

Am Schlossberg
07973 Greiz
Tel.: 0 36 61/70 32 79
(Schlossführer)
Führungen
(Treffpunkt Torhaus)
Apr.–Okt. Mo.–Fr.
10 und 14 Uhr,
Sa., So. und Feiert.
10, 14 und 16 Uhr
oder nach
Vereinbarung
▶ **Eintritt**
Erwachsene € 1,50,–
Kinder € 0,50

Sommerpalais

Heimatmuseum Greiz und Schauwerkstatt

Burgplatz 12/
Unteres Schloss
07973 Greiz
Museum: Tel.:
0 36 61/70 34 1 0
Schauwerkstatt: Tel.:
0 36 61/70 34 34
Öffnungszeiten
Museum und Schauwerkstatt: Sa.–Do.
10–12.30 Uhr, 13–17 Uhr
Eintritt
Museum: Erwachsene
€ 1,–, Kinder € 0,50,
Schauwerkstatt:
Erwachsene € 1,50,
Kinder € 0,80

Schlosscafé LebensART

Burgplatz 12/
Unteres Schloss
07973 Greiz
Tel.: 0 36 61/38 66
Öffnungszeiten
Mo.–Do. 12–22 Uhr,
Fr. 12–24 Uhr,
Sa. 15–24 Uhr

Bücher- und Kupferstichsammlung und Satiricum

Sommerpalais im
Greizer Park
07973 Greiz
Tel.: 0 36 61/7 05 80
Öffnungszeiten
Apr.–Sept. Di.–So.
10–17 Uhr,
Okt.–März Di.–So.
10–16 Uhr
Eintritt
Erwachsene € 1,–,
Kinder € 0,50

und Festsaal finden während des Sommers Konzerte und Ausstellungen statt.

Im Unteren Schloss befindet sich in den Repräsentationsräumen des Residenzschlosses der Fürsten Reuß ä. L. das Greizer Heimatmuseum, unter anderem mit einem Biedermeierzimmer, einem Japanischen Zimmer, dem Blauen Salon und einer historischen Bauernstube. Auch ein originalgetreues Stadtmodell ist auf 14 Quadratmetern zu bewundern.

1998 eröffnete im Unteren Schloss die Schauwerkstatt „Greizer Textil – vom Handwerk bis zur Industrie". Sie ist zugleich Begegnungsstätte ehema-

AUSFLUG-TIPP

Südlich von Greiz, in der Nähe von Netzschkau, steht die Göltzschtalbrücke, 574 Meter lang, 78 Meter hoch, sie ist die größte Ziegelbrücke der Welt. Gruppen erhalten nach Voranmeldung (Tel: 01 72/2 71 61 52, 0 37 65/39 28 08) einen interessanten Vortrag über die Entstehung dieses imposanten Bauwerks, das 1851 beim Bau der Eisenbahnlinie Leipzig-Nürnberg errichtet wurde.

liger Textilarbeiter, Laien, Lehrender und Lernender. In der unteren Etage befindet sich die Greiz-Information. Zum Ausruhen, Verweilen und Stärken lädt das Café LebensART ein.

> **EINKEHR-TIPP**
>
> Die größte Fassbierschankanlage Europas, das Zapfwerk I/3, befindet sich in Greiz. 44 verschiedene Sorten Fassbier sind im Angebot, dazu gehören eine Spielothek, ein Billardcafé, Höhler, ein Museum und ein Souvenirverkauf.
> **Zapfwerk I/3**
> Zeulenrodaer Str. 6
> 07973 Greiz
> Tel.: 0 36 61/67 11 45
> Fax: 0 36 61/62 92 23
> www.zapfwerk.de
> **Öffnungszeiten**
> Mi.–So. ab 17 Uhr
> Gruppen nach Vereinbarung
> Tel.: 08 00/4 43 36 66

Gera

Jugendstiltheater und Schloss ohne Schloss

Gera liegt an der A 4 zwischen Weimar und Chemnitz, östlich des Hermsdorfer Kreuzes.

Wo besitzen die Göttinnen Kaliope, Melpomene, Polyhymnia, Terpsichore und Thalia ein würdiges Domizil? Im wunderschönen Jugendstiltheater in Gera, das 1902 eröffnet wurde. Die Theatertraditionen von Gera und Altenburg sind im „Theater Altenburg-Gera" vereint. So entstand der größte Theaterbetrieb im Freistaat Thüringen.

Die Geraer Bevölkerung liebt ihr Schloss Osterstein, obwohl das Schloss gar nicht mehr vorhanden ist. Stehen blieb, bis auf seine hübsche Haube, der Bergfried aus dem 12. Jahrhundert, der heute als

■ **Information**

Gera Tourismus e. V.
Heinrichstr. 35
07545 Gera
Tel.: 03 65/8 00 70 30
Fax: 03 65/8 00 70 31
E-mail:info@
gera-tourismus.de
www.
gera-tourismus.de

EINKEHR-TIPP

Köstritzer
Schwarzbierhaus
Humboldtstraße 7
07545 Gera
Tel.: 03 65/2 90 09 19
▶ **Öffnungszeiten**
tägl. 11–1 Uhr

Orangerie

Kunstsammlung – Orangerie

Küchengartenallee 4
07548 Gera
Tel.: 03 65/8 32 21 47
Fax: 03 65/8 32 21 12
Öffnungszeiten
Di. 13–20 Uhr, Mi.–Fr.
10–17 Uhr,
Sa. und So. 10–18 Uhr
Eintritt
Erwachsene € 2,50,
ermäßigt € 1,50

Otto-Dix-Haus

Mohrenplatz 4
07548 Gera
Tel.: 03 65/8 32 49 47
Fax: 03 65/5 51 47 25
Öffnungszeiten
Di. 13–20 Uhr, Mi.–Fr.
10–17 Uhr,
Sa. und So.
10–18 Uhr
Eintritt
Erwachsene € 2,50,
ermäßigt 1,50

Aussichtsturm dient. Mit dem Terrassencafé „Schloss Osterstein" entstand ein beliebtes Ausflugsziel auf dem Hainberg.

Im Geraer Küchengarten entstand zu Beginn des 18. Jahrhunderts die zweiflügelige Orangerie. Heute gehört sie als Präsentationshalle mit ihren kostbaren Kunstschätzen aus mehreren Jahrhunderten und dem Otto-Dix-Haus zur Kunstsammlung Gera. Das Geburtshaus von Otto Dix wurde anlässlich seines 100. Geburtstags als Museum und Galerie eröffnet.

Gera

Naturkunde, Höhler, Gärten für Pflanzen und Tiere

Das Museum für Naturkunde befindet sich im Schreiberschen Haus, dem ältesten Bürgerhaus innerhalb der Stadtmauern. Zu den Attraktionen des Museums gehört unter anderem eine elf Meter lange Panorama-Vitrine im Foyer. Auf kleinstem Raum sieht der Betrachter Streuobstwiesen, Wälder,

Trockenrasen, Felsflur und Feuchtgebiet. Im Kinderkabinett „Schwalbennest" können die Kinder Naturkunde spielend erlernen. Unter dem Schreiberschen Haus befindet sich das Museum im Höhler Nr. 188. In dieser einzigartigen farbenprächtigen Dauerausstellung sind die unterschiedlichsten Mineralien ausgestellt.

Das Bier aus Gera galt in der Umgebung einst als das beste. Um diese Köstlichkeit zu lagern, wuchs unterirdisch eine Stadt, die Geraer Höhler. Von den insgesamt neun Kilometer langen Gängen sind heute 250 Meter begehbar. Eine Führung im historischen

Höhler dauert rund 45 Minuten und führt durch originale Bierlagerkeller, außerdem gibt der Spaziergang unter Tage einen Einblick in den Prozess des Bierbrauens und -lagerns.

Nur wenige Minuten vom Museum für Naturkunde entfernt liegt in der Altstadt der Botanische Garten. Es gibt eine Anlage zum Schutz der gefährdeten Wildbienen und Nisthilfen für gefährdete Vögel und Fledermäuse. Würzige Küchenkräuter vom Anis bis zur Zitronenmelisse können hier mit

Museum für Naturkunde

Nicolaiberg 3
07545 Gera
Tel.: 03 65/5 20 03
Fax: 03 65/5 20 25
▶ **Öffnungszeiten**
Di. 13–20 Uhr, Mi.–So. 10–17 Uhr, 1., 9. und 20. Mai 10–17 Uhr
▶ **Eintritt**
Erwachsene € 2,50, Kinder € 1,50

Museum im Höhler Nr. 188

▶ **Öffnungszeiten**
Mo.–So. 10–17 Uhr
Führungen nach Voranmeldung
Tel.: 03 65/5 20 03
▶ **Eintritt**
Erwachsene € 2,50, Kinder € 1,50

Historische Höhler

Eingang Geithes Passage/Ecke Steinweg
97545 Gera
Tel.: 03 65/8 38 14 70
▶ **Öffnungszeiten**
Mo.–Fr.
11, 13 und 15 Uhr,
Sa., So. und Feiert.
11, 13, 14 und 15 Uhr
▶ **Eintritt**
Erwachsene € 2,50, Kinder € 1,50

Botanischer Garten

Nicolaistr./Schillerstr.
07545 Gera
Tel.: 03 65/8 32 13 13
▶ **Öffnungszeiten**
Mai.–Sept. Mo.–Fr.
8–18 Uhr, Sa. und So.
10–16.30 Uhr,
1., 9. und 20. Mai
10–16.30 Uhr
▶ **Eintritt frei**

Tierpark Gera

Straße des Friedens 85
07545 Gera
Tel.: 03 65/81 01 27
Fax: 03 65/81 01 85
Öffnungszeiten
März–Okt. 9–18 Uhr,
Dez./Jan. 9–16 Uhr,
Nov.–Febr. 9–17 Uhr
Eintritt
Erwachsene € 2,50,
Kinder € 1,50,
Familien € 7,–
Parkeisenbahn
Apr.–Okt. tägl. außer
Mo. und Fr.,
während
der Schulferien tägl.
Fahrpreis
Erwachsene € 1,–,
Kinder € 0,50

allen Sinnen erlebt werden. Eine nahezu einmalige historische Gartenanlage ist die Geologische Lehrwand.

Mitten im Wald liegt der Waldzoo. Im landschaftlich reizvollen Martinsgrund sind über 500 Tiere von etwa 80 verschiedenen Arten überwiegend aus der nördlichen Halbkugel zu sehen. Auf dem großen Gelände gibt es neben Spielplätzen einen Bauernhof, ein Streichelgehege, einen Vogelschutzlehrpfad und eine Waldschänke. Nicht nur für Eisenbahnfans ein Vergnügen ist die Fahrt mit der Parkeisenbahn.

Altenburg

Schloss und Skatmuseum, Lindenau-Museum

Die Skatstadt Altenburg liegt nordöstlich von Gera an der B 93. Seit über 400 Jahren werden hier Spielkarten hergestellt und so verwundert es nicht, das hier zwischen 1810 und 1818 von pfiffigen Altenburgern das Skatspiel erfunden wurde.

Altenburg-Information

und Fremdenverkehrsverband
Altenburger Land e. V.
Moritzstr. 21/
Kornmarkt
04600 Altenburg
Tel.: 034 47/59 41 74
Fax: 0 34 47/59 41 79
E–mail: touristik@
stadt-altenburg.de
www.
stadt-altenburg.de

Residenzschloss Altenburg

Der Skatbrunnen, dem einzigen Denkmal weltweit, das einem Kartenspiel gewidmet ist, steht auf dem Brühl, dem alten Markt.

Der Deutsche Skatverband in der Moritzstraße ist Ansprechpartner für Mitglieder und alle am Skatspiel Interessierte. Hier werden auch die original Altenburger Spielkarten verkauft. Das Internationale Skatgericht ist seit kurzem in Altenburg zu Hause. In der Altenburger Skatschule werden Skatkurse für Anfänger und Fortgeschrittene durchgeführt, zum Angebot gehören auch regionale und überregionale Skatturniere, Halbtags- und Tagesangebote, Stadtführungen und Vorträge nach Voranmeldung, Altenburger und Skatsouvenirs sind im Verkauf.

Hoch über der Stadt thront das frühere Residenzschloss mit seinen prunkvollen Sälen und Räumen, der Schlosskirche mit der berühmten Trostorgel und dem weiten Schlosshof. Beliebtes Ausflugsziel ist der Schlossgarten mit seinem herrlichen Baumbestand, den seltenen Pflanzen und den gepflegten Wiesen. Ausgestellt sind im Schloss Spielkarten aus fünf Jahrhunderten, eine Rüstkammer, die Ur- und Frühgeschichte „in der Flasche", Porzellan, Uhren, Schlossgeschichte und eine Galerie project-art für Kinder und Jugendliche. Altenburg hat wie Gera eine alte Theatertradition. Das Schloss ist romantische Kulisse für das Sommertheater.

Das Lindenau-Museum Altenburg gehört zu den 20 bedeutendsten Kultureinrichtungen Ostdeutschlands. Es besitzt außerhalb Italiens die wohl umfangreichste und schönste Sammlung frühitalienischer Tafelbil-

Porträt Bernhard August von Lindenau, Gemälde von Luise Seidler, 1811

Hausmannsturm

und Nikolaikirchturm
▶ Öffnungszeiten
Mai–Okt. 10–17 Uhr
▶ Eintritt
Erwachsene € 1,–,
Kinder € 0,50

Deutscher Skatverband e. V.

Verbandsgruppe
Skatstadt Altenburg
Moritzstr. 1
04600 Altenburg
Tel.: 0 34 47/89 29 09
E-mail:
skat-info@gmx.de
www.skat-info.de
▶ Öffnungszeiten
Mo. und Mi.10–13 Uhr,
Di. 10–17 Uhr, Do.
10–16 Uhr, Fr. 10–15 Uhr,
Sa. 10–12 Uhr

Altenburger Tourismusagentur der Altenburger Skatschule GmbH

Burgstr. 17
04600 Altenburg
Tel.: 034 47/55 18 38
Fax: 0 34 47/51 99 94
E-mail: mail@altenburg-tourismus.de
www.altenburg-tourismus.de
▶ Öffnungszeiten
Mo.–Fr. 10–18 Uhr,
Sa. und So. 10–16 Uhr

Schloss und Spielkartenmuseum

Schloss 2–4
04600 Altenburg
Tel.: 0 34 47/31 51 93
Fax: 0 34 47/50 26 61
Öffnungszeiten
Di.–So. 10–17 Uhr
Führungen zur vollen Stunde
Eintritt
Erwachsene € 3,–,
ermäßigt € 2,–,
Führung € 1,–
Orgelvorspiele an der Trostorgel in der Schlosskirche nach Voranmeldung

Lindenau-Museum

Gabelentzstr. 5
04600 Altenburg
Tel.: 034 47/8 95 53
Fax: 0 34 47/89 55 44
E-mail: direktion@lindenau-museum.de
www.lindenau-museum.de
Öffnungszeiten
Di.–So. 10–18 Uhr
Führungen nach Voranmeldung
Eintritt
Erwachsene € 4,–,
ermäßigt € 2,–

der. Ausgestellt sind außerdem antike Keramik, Abgüsse nach berühmten Bildwerken vom Altertum bis zur Renaissance, Malerei des 17. bis 19. Jahrhunderts, deutsche Malerei des 20. Jahrhunderts, eine graphische Sammlung und eine Kunst-Bibliothek. Im Studio Bildende Kunst lernen Kinder, Jugendliche und Erwachsene Malerei, Grafik, Keramik, Plastik, Textilkunst, Buch- und Schriftgestaltung.

TIPPS FÜR KIDS

Im Altenburger Inselzoo gibt es einheimische Tiere, aber auch Exoten zu bewundern, beliebt bei den Jüngsten ist der Streichelzoo.
Inselzoo
Teichpromenade
04600 Altenburg
Tel.: 0 34 47/31 60 05
Öffnungszeiten
tägl. 9–18 Uhr
Eintritt
Erwachsene € 1,-, Kinder € 0,50
Mai–Okt. Bootsverleih

Altenburg

Futtern wie bei Luthern, Altenburger Bier, Likör und Käse

Erlebnisgastronomie ist ein besonders reizvolles Freizeitvergnügen. Im Wettiner Hof findet jeder etwas nach seinem Geschmack: Küchenmaisterey, eine mittelalterliche Badestube mit Holzzuber. Die Lutherstube ist eine Erlebnisschänke für das tägliche à-la-carte-Essvergnügen. Darüber hinaus gibt es im Torhaus ein Ritterladensortiment, eine Kemenate mit Doppelzimmern und Einzelzimmern, einen Burghof für diverse Veranstaltungen, einen Gruselkeller zum Gruseln und einen Heuboden zum Übernachten. Zu den verschiedenen Banketten wird allerlei Kurzweiliges wie Armbrustschießen, Feuerschlucken, lustige und derbe Sprüche, Giftprobe, Jungfernwahl, Musik und Tanz und vieles mehr geboten. Zur Auswahl stehen Knappenmahl, Keltenmahl, Bürgerschmaus, Barbarossas Ritterfressen, Futtern wie bei Luthern, Prinzenräubergelage.

Die Altenburger Destillerie und Liqueurfabrik wurde jüngst liebevoll restauriert. Das über 100 Jahre alte Gebäude mit der modernen Abfüllanlage, dem alten Fasskeller, zwei Kegelbahnen und einem Verkaufsraum kann täglich auf Anfrage besichtigt werden.

Die Altenburger Destillerie

Es war Heinrich der Erlauchte, der Altenburg 1256 das Recht einräumte, Bier auszuschenken. Unzählige Höhler, unteriridische Lagerräume,

Wettiner Hof und Uferburg

Johann-Sebastian-Bach-Str. 11
04600 Altenburg
Tel.: 0 34 47/31 35 32
Fax: 0 34 47/50 49 36
E-mail: uferburg@t-online.de
www.uferburg.de
▶ Öffnungszeiten
Di.–Sa. ab 17.30 Uhr, Gruppen auf Anfrage
Bankette
Fr. und Sa. 19 Uhr

Altenburger Destillerie & Liqueurfabrik

Am Anger 1–2
04600 Altenburg
Tel.: 034 47/5 54 60
Fax: 0 34 47/31 65 08
e-mail: info@destillerie.de
www.destillerie.de
▶ Besichtigung
tägl. nach Voranmeldung
▶ Führung
und Verkostung
pro Pers. € 4,–

Brauereimuseum Altenburg

in der Altenburger Brauerei GmbH
Brauereistr. 20
04600 Altenburg
Tel.: 0 34 47/89 09 30
Fax: 0 34 47/89 20 77
▶ Öffnungszeiten
Di.–So. 11–17 Uhr und nach Vereinbarung
▶ Eintritt
Erwachsene € 2,50, mit Verkostung € 6,–
(nach Voranmeldung)

> **REZEPT**
>
> **Altenburger Käsebrot**
> Zwei kleine Äpfel vierteln, entkernen und in Spalten schneiden. In etwas Weißwein oder Apfelsaft knapp weich kochen und abtropfen lassen. Ein 250 Gramm schweres Baguette in 10 bis 12 Scheiben schneiden und im heißen Backofen rösten. Jede Brotscheibe mit etwas Altenburger Meerrettich bestreichen. Die Apfelspalten auf den Broten verteilen. Einen Altenburger Ziegenkäse in Scheiben schneiden und über die Apfelspalten legen. Im Backofen so lange erhitzen, bis der Käse leicht geschmolzen ist. Inzwischen fünf bis sechs Scheiben Frühstücksspeck (Bacon) quer halbieren und knusprig braten. Mit jeweils einem Klecks Altenburger Ketchup auf dem Käse „fest kleben".

zeugen von der regen Brautätigkeit in der Stadt. Das neue Museum in einer Gründerzeitvilla zeigt wie aus Malz, Hopfen, Hefe und Wasser Bier gebraut wird. In der Böttcherei erfährt der Besucher, wie Holzfässer hergestellt werden und in der historischen Kneipe gibt's Souvenirs.

Zu den Altenburger Köstlichkeiten gehören auch der Altenburger Ziegenkäse sowie aus der Altenburger Senffabrik Senf, Ketchup, Essig und Meerrettich, alles erhältlich in Supermärkten.

Haselbach

Mit der Kohlebahn durchs Altenburger Land

Viele Jahrhunderte war das nördliche Altenburger Land vom Kohlebergbau geprägt. Die vom Volksmund Kammerforstbahn genannte Bahn transportierte ab 1942 die gewonnene Braunkohle von Waltersdorf in die Fabriken nach Haselbach und Regis. Dank hartnäckiger Eisenbahnfans, die die Kohlebahn nach der Wende retteten, fährt sie

Eisenbahnfans auf etwa 15 Kilometern Schmalspurgleisen (900 Millimeter) vom vereinseigenen Bahnhof Meuselwitz zum Haltepunkt Regis-Breitungen und zurück. In Haselbach befindet sich die Westernstadt und der Sitz des Vereins. In Haselbach und Meuselwitz gibt es jeweils ein Museum. Alljährliche Höhepunkte auf der Kohlebahn sind der Männertag, Tag der offenen Tür, der Westerntag und Advent auf der Kohlebahn. Zum Fuhrpark gehören vier Dieselloks vom Typ V10C, vier offene und drei geschlossene Personenwagen, ein Salonwagen, ein Fahrradtransporter und verschiedene Platte- und Tiefladewagen.

Verein Kohlebahnen e. V.

04617 Haselbach
Gewerbegebiet
Tel.: 03 43 43/7 07 40
Fax: 03 43 43/7 07 31
▶ **Fahrplan**
ab Ostern bis Sept. jeden So. und an Feiertagen,
ab Sept. alle 14 Tage So. bis 31. Dez.
Sonderfahrten nach Vereinbarung
▶ **Fahrpreise**
Hinfahrt € 5,50, ermäßigt € 2,50, Hin- und Rückfahrt € 8,–, ermäßigt € 3,50

Eisenberg

Schlosskirche und Tierpark

Die Stadt Eisenberg liegt östlich von Jena an der A 9.

Das Schloss wurde im 17. Jahrhundert unter Christian von Sachsen-Eisenberg zur Residenz ausgebaut. Heute ist hier das Landratsamt untergebracht. Sehenswert ist die Schlosskirche mit der Donat-Trost-Orgel. Die Kirche ist mit ihrer barocken Ausstattung die wohl ungewöhnlichste und prächtigste in Thüringen. In der restaurierten Kirche finden heute Gottesdienste, Trauungen, Führungen und Konzerte statt.

Dort, wo das Klötznerische Haus steht, befand sich bereits im 13. Jahrhundert ein Wohnhaus. Im

Eisenberg-Information

Markt 13–14
07607 Eisenberg
Tel.: 03 66 91/7 34 54
Fax: 03 66 91/7 34 60
E-mail: StadtEisenberg-Th@t-online.de
www.Stadt-Eisenberg.de

Schlosskirche

07607 Eisenberg
Tel.: 03 66 91/7 02 94
▶ **Öffnungszeiten**
Mo.–Do. 10–12 Uhr, 13–17 Uhr,, Fr. 10–12 Uhr, Sa., So. und Feiert. 13–17 Uhr
▶ **Eintritt frei**

Altar und Orgel der Schlosskirche

Stadtmuseum Klötznersches Haus

Markt 26
07607 Eisenberg
Tel.: 03 66 91/7 34 70
Öffnungszeiten
Di.–Do. 10–12 Uhr,
13–17 Uhr, Fr. 10–12
Uhr, Sa., So. und
Feiert. 13–17 Uhr
Eintritt
Erwachsene € 2,–,
Kinder € 1,–

Tiergarten Eisenberg

Am Geyersberg 2
07607 Eisenberg
Tel.: 03 66 91/4 22 71
Öffnungszeiten
Apr.–Sept.
tägl. 9–18 Uhr,
Nov.–März
tägl. 9–17 Uhr
Eintritt
Erwachsene € 3,–,
Kinder € 1,50

Dornburger Schlösser

07778 Dornburg
Tel.: 03 64 27/2 22 91
Fax: 03 64 27/2 01 53
Öffnungszeiten
Apr.–Okt. Di.–So. 9–18
Uhr, Nov.–März
Mi.–So.10–16 Uhr
Eintritt
Erwachsene € 2,–,
ermäßigt € 1,50

Stadtmuseum wird der Weg von der Frühgeschichte des Siedlungsgebiets bis zur industriellen Entwicklung Eisenbergs dokumentiert.

Im ehemaligen Garten des Eisenberger Fabrikanten Geyer mit seinen seltenen Gehölzen und künstlichen Ruinen befindet sich heute ein sehenswerter Tiergarten mit begehbaren Gehegen und einem Bauernhof mit zahlreichen großen und kleinen Haustieren.

Das Mühltal im Thüringer Holzland gilt als eines der reizvollsten Täler Thüringens. Der Weg führt von Kursdorf nach Weissenborn und Bad Klosterlausitz. Die Mühlen entlang des Wegs sind bewirtschaftet.

Dornburg

Dornburger Schlösser

Dornburg liegt nördlich von Jena an der B 88. Ein kleiner Ort mit wenigen Einwohnern, aber drei schönen Schlössern am felsigen Ufer der Saale. Das Alte Schloss geht wohl auf eine Anlage aus dem 10. Jahrhundert zurück. Während der Bergfried noch aus alter Zeit stammt, wurde das Rokokoschloss im 16. Jahrhundert neu errichtet. Zu bewundern sind historische Möbel, Porzellan,

Gemälde. Nach ein paar Schritten
durch die gepflegten Parkanlagen
kommt der Besucher zum Renaissance- bzw. Goetheschloss, einem im
16. Jahrhundert erbauten Herrnhaus, das zu Beginn des 17. Jahrhunderts im Stil der Spätrenaissance
umgebaut wurde. Hier befindet sich
eine Goethe-Gedenkstätte; der Dichter wohnte in
diesem Schloss zeitweilig.

Das Goetheschloss

Apolda

Glocken, Textilien und Dobermänner

Apolda liegt nordöstlich von Weimar an der B 87.
Das Museum in der Bahnhofstraße zeigt die
Kulturgeschichte der Glocke. Ausgestellt sind kleine
Glocken vergangener Kulturen und zahlreiche europäische Turmglocken. Die klangstarke St. Petersglocke des Kölner Doms wurde 1923 in Apolda
gegossen. Sie ist die größte freischwingende Glocke
der Welt. Neben den Turmglocken werden Tierglocken, Schiffsglocken, Uhrglocken, Handglocken
gezeigt. Fast alle Glocken können angeschlagen werden.

Das Stadtmuseum im gleichen Haus
zeigt die Entwicklung des örtlichen Wirker- und Strickergewerbes zur Textilindustrie. Die Wirkerei und Strickerei war
über 400 Jahre Haupterwerbszweig der

■ **Tourist-Information**

Markt 1
99510 Apolda
Tel. und Fax:
0 36 44/56 26 42
E-mail: apolda-
information@
t-online.de
www.apolda.de

Im Glockenmuseum

Museum Apolda

Glockenmuseum
Stadtmuseum
Bahnhofstr. 41
99510 Apolda
Tel. und Fax:
0 36 44/65 03 31
E-mail:glockenmuseum.apolda@
t-online.de
www.apolda.de
Öffnungszeiten
Mai–Okt. Di.–So.
10–18 Uhr,
Nov.–April Di.–So.
10–17 Uhr
Eintritt
Erwachsene € 2,50,
ermäßigt € 1,50,
Familienkarte € 6,–

Kunsthaus Apolda Avantgarde

Bahnhofstr. 42
99510 Apolda
Tel. und Fax:
0 36 44/56 24 80
Öffnungszeiten
Di.–So. 10–18 Uhr
Eintritt
Erwachsene € 2,50
bis 5,–,
ermäßigt € 1,50 bis
€ 2,50

Museumsbaracke „Olle DDR"

Bahnhofstr. 42
99510 Apolda
Tel.: 0 36 44/56 00 21
Öffnungszeiten
Mai–Okt. Di.–So.
10–18 Uhr,
Nov.–April Di.–So.
10–17 Uhr
Eintritt
Erwachsene € 1,50,
ermäßigt € 1,–

Apoldaer und der Bewohner umliegender Orte. Auch heute wird in Apolda und Umgebung gestrickte Mode hergestellt. Einen Einkaufsführer gibt´s bei der Apolda-Information.

Gegenüber vom Museum befindet sich in einer schönen Villa aus der Gründerzeit das Kunsthaus „Apolda Avantgarde", in dem vielbeachtete internationale und nationale Künstler ausgestellt werden. Während des Familientags im Sommer ist der Besuch des Kunsthauses kostenlos und gestattet der ganzen Familie, sich künstlerisch zu betätigen.

Gleich hinter dem Kunsthaus gibt die Museumsbaracke „Olle DDR" einen Einblick in das frühere DDR-Alltagsleben – es darf geschmunzelt werden.

Der Dobermann, durch die US-Krimiserie „Magnum" zahlreichen Menschen bekannt, wurde von Karl Friedrich Louis Dobermann in Apolda gezüchtet. Es ist die einzige Hunderasse, die nach ihrem Züchter benannt wurde. Der Dobermann gilt als guter Wachhund, Polizei- und Rettungshund und auch als Familienhund, wenn er richtig erzogen wird. Zum 100. Geburtstag der Dobermänner wurde 1999 an der Ecke Teichgasse/Lindenberg das erste Dobermann-Denkmal Europas enthüllt.

Ein Denkmal besonderer Art ist der Viadukt an der Buttstädter urnd Robert-Koch-Straße, der zwischen 1845 und 1846 zur Anbindung an den Schienenverkehr zwischen Erfurt, Halle und Leipzig gebaut wurde.

Wein, Saline und Toskana Therme

Zwischen Naumburg und Apolda an der Ilm liegt der Kurort Bad Sulza mit seinem herrlichen Kurpark. Nachweislich wird hier in der Gegend seit über 800 Jahren Weinbau betrieben, Salz gesiedet und verkauft. Das Weinbaugebiet Saale-Unstrut ist das nördlichste in Europa. Mehrere Nebenerwerbs- und Hobbywinzer sowie der „Thüringer Weinbauverein Bad Sulza" pflegen die Weintradition.

Bad Sulza steht auf salzigem Untergrund. Seit Mitte des 19. Jahrhunderts gibt es einen Bade-Kurbetrieb, der heute in mehreren Gesundheitseinrichtungen auf modernstem Niveau betrieben wird. Im Saline- und Heimatmuseum wird die Geschichte der Saline und der Salzproduktion anschaulich dargestellt. Zum Museum gehört auch eine vollständige Apotheke aus dem 19. Jahrhundert.

„Die mit Abstand schönste Therme der Welt ..." Entspannung pur durch ein Bad in der Toskana Therme. Der Mensch lebt auf durch den Kontakt mit Wasser, Licht, Farbe und Musik, Körper und Seele schweben. Es folgt ein Auftauchen wie neu geboren. Die Anlage verfügt über sieben Kaskaden-Solepools, vier Whirlpools, eine Saunalandschaft, einen Wellnesspark mit Waterworld Liquid Sound, Wildwasserfall, Kinderplanschbecken, Lichtwasserfall, Sonnenbänken, Restaurant und ein „Amphibisches" Theater.

Tourist-Information

Kurpark 2
99518 Bad Sulza
Tel.: 03 64 61/8 21 20
Fax: 03 64 61/8 21 11
E-mail: info@bad-sulza.de
www.bad-sulza.de

Saline- und Heimatmuseum

Naumburger Str. 2
99518 Bad Sulza
Tel.: 03 64 61/8 21 10
Fax: 03 64 61/8 21 11
E-mail: info@bad-sulza.de
www.bad-sulza.de
▶ Öffnungszeiten
Sa. und So. 9–12 Uhr
▶ Eintritt
Erwachsene € 1,50, Kinder € 1,–

Toskana-Therme

Wunderwaldstr. 2 a
99518 Bad Sulza
Tel.: 03 64 61/9 10 80
Fax: 03 64 61/9 10 88
E-mail: toskana@kbs.de
www.toskana-therme.de
▶ Öffnungszeiten
So.–Do. 10–22 Uhr,
Fr. und Sa. 10–24 Uhr,
bei Vollmond 24 Std.
▶ Eintritt
Erwachsene € 10,– (2 Std.), € 13,– (4 Std.), € 16,– (Tageskarte),
Kinder € 5,50 (€ 8,–/10,50)

Modellbahn und Racing-Center

Nördlich von Apolda liegt der kleine Ort Wiehe. Hier ist Mowi-World zu Hause, eines der weltgrößten Modellbahnzentren, in dem der Besucher die faszinierende Welt der Modellbahn verschiedenster Baugrößen auf einer Fläche von 12 000 Quadratmetern bewundern kann. Die Highlights: Eine der größten HO-Modellbahnanlagen „Thüringen", die Harzquer- und Brockenbahn in LGB, die weltgrößte Modellbahnanlage der Baugröße TT, die weltgrößte stationäre Hallen-Gartenbahnanlage „Die USA von Ost nach West", eine einzigartige HO-Anlage „Reise mit dem Orientexpress" sowie die einzige Dauerschau der gesamtem Modellbahnindustrie. Ein weiteres ebenfalls einzigartiges Highlight ist das neu errichtete Carrera-Racing-Center nur wenige Meter von den Modellbahnausstellungshallen entfernt. Auf zwölf original nachgestellten Formel-1-Kursen sowie der legendären Rennstrecke „Mille Miglia" können sich Jung und Alt heiße Duelle auf den Miniatur-Rennpisten liefern. Außerdem gehören zu Mowi-World eine Gartenbahn zum Mitfahren für die Kleinsten, Modellbahntauschmärkte für Sammler und Liebhaber, hauseigene

Mowi-World

Modellbahn-Wiehe GmbH
Am Anger 19
06571 Wiehe
Tel.: 0 18 05/90 90 11
Fax: 03 46 72/8 36 36
E-mail: info@mowi-world.de
www.mowi-world.de
Öffnungszeiten
tägl. 9–18 Uhr
Eintritt
Erwachsene € 8,50,
Kinder € 4,50

Mowi-World

Carrera-Racing-Center
Am Anger 19
06571 Wiehe
Tel.: 03 46 72/8 26 30
E-mail: info@mowi-world.de
www.mowi-world.de
Öffnungszeiten
Mi.–So. 10–19 Uhr
Fahrpreis
1 Std. € 5,–, je weitere 15 Min. € 1,–

EINKEHR-TIPP

Nicht weit von Wiehe entfernt liegt in Wohlmirstedt das Restaurant „Zur Kaiserpfalz". Das Haus ist gleichzeitig ein gemütliches Hotel mit Tennisplätzen, Sauna, Dampfbad, Whirlpool und Solarium.
Hotel und Restaurant „Zur Kaiserpfalz"
Allerstedter Str. 10
06642 Wohlmirstedt
Tel.: 03 46 72/8 80
Fax: 03 46 72/8 81 30
www.kaiserpfalz.de
Öffnungszeiten
tägl. 10–22 Uhr

Restaurants, Museumsshops, Schmuck und Edelsteine aus aller Welt.

Carrera-Racing-Center

Kölleda

Kräutergarten und Funkwerk-Museum

Kölleda liegt im Schnittpunkt der B 85 und B 176. Die über 1200 Jahre alte Stadt ist als Pfefferminzstadt weit über ihre Grenzen hinaus bekannt. Schon vor über 600 Jahren gedieh hier die gesunde Pfefferminze. Und auch heute wachsen hier nicht zuletzt wegen des guten Klimas und der gesunden Böden Pfefferminze und andere Heil-, Duft- und Aromapflanzen. Zum Heimatmuseum gehört der berühmte Kräutergarten, in dem Kräuter aus Goethes Zeit und viele andere interessante Pflanzen zu bewundern sind.

Das Heimatmuseum stellt die Entwicklungsgeschichte der Stadt von der Steinzeit bis heute vor, dazu gehören auch traditionelle Bereiche wie Handwerk und Landwirtschaft.

■ **Information**

Verwaltungsgemeinschaft Kölleda
Markt 1
99625 Kölleda
Tel.: 0 36 35/45 00
Fax: 0 36 35/45 01 25
E-mail: VGKOELLEDA@t-online.de
www.Koelleda.de

■ **Heimatmuseum und Kräutergarten**

Rossplatz 39
99625 Kölleda
Tel.: 036 35/48 28 87
▶ **Öffnungszeiten**
Di.–Fr. 14–16 Uhr, So. und Feiert. 14–17 Uhr
▶ **Eintritt**
Erwachsene € 2,–,
Kinder € 1,–

Funkwerkmuseum

Markt 3
99625 Kölleda
Tel.: 0 36 35/49 26 59
Öffnungszeiten
Di.–Fr., So. und Feiert.
14–16 Uhr
Eintritt
Erwachsene € 2,–,
Kinder € 1,–
für beide Museen:
Erwachsene € 3,–,
Kinder € 1,–

Im Funkwerkmuseum wird die Entwicklung von Hörfunk-, Fernseh, Schreib- und Computertechnik vom Beginn bis zur Gegenwart dargestellt.

> **AUSFLUGS-TIPP**
>
> Wenige Kilometer von Kölleda entfernt befindet sich am östlichen Ortsrand von Schillingstedt und weithin sichtbar die über 150 Jahre alte Bockwindmühle, die rekonstruiert wurde und besichtigt werden kann.
> **Bockwindmühle**
> 99625 Schillingstedt
> Führungen nach Voranmeldung
> Tel.: 0 36 35/40 32 49

Weißensee

Runneburg und Steinschleuder

Runneburgverein Weißensee e. V.

Burgverwaltung Sitz
Runneburg
99631 Weißensee
Tel.: 03 63 74/2 07 85
Fax: 03 63 74/2 07 48
E-mail: info@
runneburg.de
www.runneburg.de
Öffnungszeiten
Besichtigung nur mit stündlicher Führung
Di.–Fr. 9–16 Uhr, Sa. und So. 9.30, 11.30, 13.30, 15.30 und 16.30 Uhr
Eintritt
Erwachsene € 3,–,
Kinder € 1,50

Nördlich von Sömmerda an der B 86 liegt die Kleinstadt Weißensee. Das markanteste Bauwerk ist die Runneburg, die im Mittelalter von beiden Seiten durch zwei Becken des Weißen Sees geschützt war. Auf der Burg, in der Mitte des 12. Jahrhunderts zur prachtvollen Residenz der Grafen von Thüringen ausgebaut, wurden ausschweifende Feste gefeiert. Walter von der Vogelweide, der sich öfter in der Burg aufhielt, empfand die Feste zu laut, die Gäste zu ungestüm und den Landgrafen zu trinkfreudig.

Sehenswert ist der Nachbau der Steinschleuder, die Otto IV. bei der Belagerung Weißensees 1212 mit sich führte. Die Schussfähigkeit der Stein-

schleuder wird alljährlich im Februar unter Beweis gestellt. Dann werden 50 bis 100 Kilogramm schwere Steine bis zu 400 Meter weit geschossen.

Beichlingen

Schloss Beichlingen

Beichlingen liegt wenige Kilometer nördlich von Kölleda. Der Ort wird dominiert durch die Schlossanlage aus dem 16. Jahrhundert. Sie wurde auf einer Burganlage von 1014 errichtet.

Die Schlossgebäude haben die Zeiten gut überdauert, Umbau- und Restaurierungsarbeiten zu Beginn und am Ende des 20. Jahrhunderts erhöhen die Attraktivität der Anlage, die sich seit 2001 in Privatbesitz befindet. Der Förderverein Schloss Beichlingen betreut die historischen Bauten, bietet Schlossführungen an und organisiert Kulturveranstaltungen.

Die Runneburg

Touristikbüro Weißensee

Langer Damm 7–11
99631 Weißensee
Tel.: 03 63 74/2 72 12
Fax: 03 63 74/2 72 11
www.weissensee.de

Touristbüro

Straße des Friedens 66a
99625 Beichlingen
Tel. und Fax:
0 36 35/48 22 63

Förderverein Schloss Beichlingen e. V.

Schloss Beichlingen
99625 Beichlingen
Tel. und Fax:
0 36 35/40 36 42
E-mail:
foerderverein@
schloss-beichlingen.de
www.
schloss-beichlingen.de
▶ Führungen
nach Voranmeldung
Di.–Fr. 9–15 Uhr,
Wochenendführungen
Apr.–Okt. 13.30 und
15 Uhr, Nov.–März
14 Uhr

Schloss Beichlingen

Kyffhäuser und Barbarossa

Tourismusverband Kyffhäuser e. V.

Anger 14
06567 Bad Frankenhausen
Tel.: 03 46 71/71 70
Fax: 03 46 71/7 17 19
E-mail: Kyffhaeuser-Info@t-online.de
www:kyffhaeuser.de/tourismus

Kyffhäuser-Card

Diese Karte berechtigt zum einmaligen Besuch des Kyffhäuserdenkmals, der Barbarossahöhle und des Panorama Museums.
Preis:
Erwachsene € 13,–,
Kinder € 6,–

Das Kyffhäuserdenkmal

Kyffhäuserdenkmal

06567 Bad Frankenhausen
Tel.: 03 46 51/27 80
Fax: 03 46 51/23 08
E-mail: Kyffhaeuser-Info@t-online.de
www.kyffhaeuser.de/tourismus
Öffnungszeiten
tägl. Mai.–Sept.
9–19 Uhr, Okt.–Apr.
10–17 Uhr
Führungen nach Voranmeldung
Eintritt
Erwachsene € 4,–,
Kinder € 2,50

Bad Frankenhausen liegt im Naturpark Kyffhäuser an der B 85.

Inmitten des Kyffhäusergebirges ragt über 80 Meter hoch das Kyffhäuserdenkmal gen Himmel. Das Nationaldenkmal mit dem Reiterstandbild von Kaiser Wilhelm I. und der in Stein gehauenen Barbarossafigur ist über 100 Jahre alt. Die Sage erzählt, dass der Kaiser im Berg sitzt, alle 1000 Jahre von den Raben geweckt werde, um zu sehen, ob Deutschland zu neuer Einheit gefunden habe. Ursprünglich saß der Staufer Friedrich II. im Berg, später nahm sein Großvater Barbarossa den Platz ein.

Wer die 247 Stufen bis in die Turmkuppel des Denkmals erklimmt, genießt einen grandiosen Rundblick über die Goldene Aue bis zum Brocken im Harz. In einem Ausstellungsraum wird die Baugeschichte des Denkmals dokumentiert. Von der im 11. Jahrhundert errichteten Reichsburg Kyffhausen, einer der größten und stärksten mittelalterlichen Burganlagen Deutschlands, sind auf dem Gelände der Oberburg außer der restaurierten Ruine des Barbarossaturms das romanische Kammertor und der mit 176 Meter tiefste Burgbrunnen Europas erhalten und sehenswert. Von der Unterburg sind noch Reste erhalten, von der Mittelburg die Steinbrüche.

Am Rande des Kyffhäusergebirges, rund sechs Kilometer von Bad Frankenhausen entfernt, liegt die sagenumwobene Barbarossahöhle. Sie gilt als eine der größten zugänglichen Gipshöhlen Europas. Beeindruckend sind die gewaltigen, bis 30 Meter hohen Hohlräume, die interessanten Strukturen, kristallklaren Seen und bizarren Gebilde. Am steinernen Tisch und Stuhl wird dem alten Barbarossa Referenz erwiesen.

In der Kyffhäuser-Therme gibt es ein umfangreiches Wellness-Angebot und viel Badespaß mit Riesenrutsche, Wildwasserkanal, Sprudelliegen sowie Kinderplanschbecken für die ganze Familie. Zur Anlage gehört auch eine Saunalandschaft mit Saunagarten und Erd-Sauna. Ganz neu ist das 220 Quadratmeter große Sole-Erlebnis-Becken. Im Kurmittelhaus geht es um die Gesundheit mit einem vielseitigen Angebot wie Massagen, Inhalationen, Heuwickel, Bäder und Sole-Entspannungs-Grotte.

AUSFLUGS-TIPP

Nördlich von Bad Frankenhausen befindet sich in Tilleda die Königspfalz, die im 10. Jahrhundert von Heinrich I. erbaut wurde und Aufenthaltsort deutscher Kaiser und Könige war. Ein paar Kilometer weiter westlich liegt am Stausee das Erholungsgebiet Kelbra mit Strandbad, Wasserrutsche, Skateboardbahn, Streichelzoo, Grillplatz, Bootsverleih und Campingplatz in der Goldenen Aue.
Freilichtmuseum Königspfalz
Breite Str. 15
06537 Tilleda
Tel.: 03 46 51/29 23
Öffnungszeiten
Apr.–Okt. tägl. 10–18 Uhr,
Nov.–März Mo.–Fr. 10–16 Uhr
Führungen nach Voranmeldung
Eintritt
Erwachsene € 2,50, Kinder € 1,50

Barbarossahöhle

Mühlen 6
06567 Rottleben
Tel.: 03 46 71/54 50
Fax: 0 3 46 71/5 45 14
E-mail: barbarossa-hoehle@t-online.de
www.hoehle.de
▶ **Öffnungszeiten**
Apr.–Okt. tägl. 10–18 Uhr, Nov.–März tägl. 10–17 Uhr (Zugang nur mit Führung)
▶ **Eintritt**
Erwachsene € 6,–, Kinder € 4,–

Kyffhäuser-Therme

Kur-Gesellschaft mbH
August-Bebel-Platz 9
06567 Bad Frankenhausen
Tel.: 03 46 71/51 23
Fax: 03 46 71/5 12 59
E-mail: kur@bad-frankenhausen.de
www.Bad-Frankenhausen.de
▶ **Öffnungszeiten**
So.–Do. 9–20 Uhr,
Fr. und Sa. 9–22 Uhr
▶ **Eintritt**
Erwachsene € 6,50, Kinder € 4,50
(für 2 Std.)

Erholungsgebiet Talsperre Kelbra

Lange Str. 150
06537 Kelbra
Tel.: 03 46 51/63 11
Fax: 03 46 51/63 12
▶ **Öffnungszeiten**
Mai.–Sept. 9–18 Uhr
▶ **Eintritt**
Strandbad
Erwachsene € 2,50, Kinder € 1,–

Panorama Museum

Panorama Museum
Am Schlachtberg 9
06567 Bad Frankenhausen
Tel.: 0 34 71/61 90
Fax: 0 34 71/6 20 50
E-mail: panorama-museum@t-online.de
www.panorama-museum.de
Öffnungszeiten
Apr.–Okt. Di.–So.
10–18 Uhr,
Juli und Aug.
auch Mo. 13–18 Uhr,
Nov.–März Di.–So.
10–17 Uhr
Führungen zu jeder vollen Std.
Eintritt
Erwachsene € 5,–,
ermäßigt € 4,–,
Kinder € 1,–

Schon von weitem ist der zylindrische Bau des Museums auf einem Hügel erkennbar. Hier schuf der Leipziger Künstler Werner Tübke in fast zwölf Jahren bis 1987 auf über 1700 Quadratmetern Leinwand das größte Gemälde der Welt (14 mal 123 Meter). Kein Besucher kann sich der Faszination entziehen, die sich beim Betreten der Rotunde einstellt. Eingetaucht in sakrales Licht, umgibt den Betrachter das monumentale Gemälde „Frühbürgerliche Revolution in Deutschland" mit über 3000 Figuren in altmeisterlicher Manier mit aufregender Plastizität. Historischer Hintergrund bei der Errichtung des Museums war der Bauernkrieg 1525, in dessen Verlauf Thomas Müntzer, der Anführer der Aufständischen, gefangen genommen und hingerichtet wurde. Zum Museum gehören Sonderausstellungen, ein Studiokino, museumspädagogische Veranstaltungen und ein Museumscafé.

Thomas Müntzer, Kämpfer für eine gerechte Welt, in der Schlacht bei Frankenhausen, 1525; Detail aus dem Gemälde von Werner Tübke

Buch-Tipp

Werner Tübke –
„Das malerische Werk von 1976 bis 1999",
ein Bildband von Brigitte Tübke, 272 Seiten, 150 farbige Abbildungen, Verlag der Kunst Dresden.

Kunsthaus Meyenburg, Tabakspeicher, Mittelbau-Dora

Nordhausen liegt am Schnittpunkt der B 4, B 80, B 81 und A 38.

In der fast 100 Jahre alten Villa mit dem weithin sichtbaren Aussichtsturm und dem hübschen Staudenpark residiert das Kunsthaus Meyenburg. Die ständige Ausstellung „Von Hogarth bis Beuys" präsentiert die wichtigsten Werke aus der Sammlung der Glock-Grabe-Stiftung und gibt einen Überblick über das grafische Kunstschaffen im 19. und 20. Jahrhundert in Europa. Sonderausstellungen und Konzerte im Park vervollkommnen das kulturelle Angebot des Kunsthauses.

Der alte Tabakspeicher, heute Museum, gehörte zur Tabakfabrik Walter & Sevin. Bis zum Zweiten Weltkrieg war Nordhausen die Hochburg des Kautabaks. Der Tabakspeicher zeigt auf rund 1000 Quadratmetern Bilder und Dokumente zum Maschinen-, Fahrzeug- und Schachtbau. Die Geschichte der Post und des Fernmeldewesens gehört ebenso zur Ausstellung wie traditionelles Handwerk und archäologische Fundstücke aus Nordthüringen.

Tipp für Verliebte

Samstags nimmt das Standesamt im historisch möblierten Hochzeitszimmer im Meyenburg-Museum Trauungen vor.
Standesamt
Markt 15
99734 Nordhausen
Tel.: 0 36 31/69 64 16

Tourismus-Informationszentrum

Bahnhofsplatz 6
99734 Nordhausen
Tel.: 0 36 31/90 21 54
Fax: 0 36 31/90 21 53
E-mail: info@tourismus-ndh.de
www.tourismus-ndh.de

Meyenburg-Museum

Alexander-Puschkin-Str. 31
99734 Nordhausen
Tel.: 0 36 31/88 10 91
Fax: 0 36 31/89 80 11
▶ Öffnungszeiten
Di.–So. 10–17 Uhr
▶ Eintritt
Erwachsene € 2,–,
Kinder € 1,50

Tabakspeicher

Bäckerstr. 20
99734 Nordhausen
Tel.: 0 35 31/98 27 37
Fax: 0 35 31/69 61 50
▶ Öffnungszeiten
Di.–So. 10–17 Uhr
▶ Eintritt
Erwachsene € 2,–,
Kinder € 1,50

KZ-Gedenkstätte

Mittelbau-Dora
Kohnsteinweg 20
99734 Nordhausen
Tel.: 0 36 31/4 95 80
Fax: 0 36 31/49 58 13
E-mail: info@dora.de
www.dora.de
Öffnungszeiten
Di.–So. Okt.–März
10–16 Uhr, Apr.–Sept.
10–18 Uhr, die Außenlagen können bis zum Einbruch der Dunkelheit besichtigt werden.
Führungen
nach Voranmeldung
Eintritt frei
Führungen: Gruppen bis 30 Pers. € 25,–

Die KZ-Gedenkstätte Mittelbau-Dora erreicht man von der Landstraße, die die beiden Ortsteile Salza und Krimderode verbindet. Im Anhydritgestein des Kohnsteins war bereits 1943 ein umfangreiches Stollensystem vorhanden, als KZ-Häftlinge die Stollen zu einer Raketenfabrik umbauen mussten. Unter dem Namen „Konzentrationslager Mittelbau" entwickelte sich das Lager Dora zu einem großen Lagerkomplex mit über 40 Außenlagern und Arbeitskommandos. Die meisten Häftlinge des KZ Mittelbau mussten auf den zahlreichen Baustellen arbeiten, etwa ein Zehntel war in der unterirdischen Fabrik beschäftigt. Von den 60 000 Häftlingen kamen 20 000 bis 1945 ums Leben.

Im Museum am Appellplatz gibt es Informationsmaterial und Bücher, mehrmals täglich wird ein Film in mehreren Sprachen gezeigt. Die Dokumentationsstelle und die Bibliothek sind nach Absprache zugänglich. Die Gedenkstätte bietet Führungen im Lagergelände und in den Stollenanlagen an.

Nordhausen

Historische Dampflok der Harzquerbahn

Nostalgie auf Schienen und Kornbrennerei

Drei historische Straßenbahnen stehen in Nordhausen für Stadtrundfahrten zur Verfügung. Der Triebwagen aus dem Jahr 1934 hat Platz für 30 Personen, der Gothaer Triebwagen von 1960 für 50 Personen; der Triebwagen von 1961 wurde als Schienen-Bistro umgerüstet und bietet Platz für 48 Personen.

> **REZEPT**
>
> **Aufgesetzter**
> Für einen köstlichen Likör werden ein oder mehrere Flaschen etwa ein Drittel mit Johannis- oder Brombeeren oder Schlehen und mit der gleichen Menge weißem Kandis gefüllt. Das Ganze bis zum Rand mit hochprozentigem Korn auffüllen und die Flaschen verschließen. Den Aufgesetzten vier bis sechs Wochen an einem hellen Ort ruhen lassen, aber öfter schütteln. Danach den Aufgesetzten durch ein Sieb in frische Flaschen füllen und in kleinen Schlücken genießen.

Die Harzquerbahn wird von den Einheimischen liebevoll „Quirl" genannt. Sie fährt vom Bahnhof Nordhausen-Nord durch die zerklüftete Bergwelt des Harzes bis nach Wernigerode. Eine besondere Attraktion ist die Fahrt mit den historischen Dampfzügen vom Bahnhof „Drei Annen Hohne" mit der Brockenbahn hinauf auf den Brocken. Insgesamt fahren die denkmalgeschützten Bahnen der Harzer Schmalspurbahnen (Harzquerbahn, Selkebahn und Brockenbahn) mit Dampflokomotiven auf 132 Schienenkilometern über 400 Brücken sowie durch den einzigartigen Tunnel bei Wernigerode.

Wer kennt ihn nicht, den klaren Tropfen, das Lebenselexier der Urväter gegen alle möglichen und unmöglichen Krankheiten, das Trostwasser gegen üble Laune, Sorgen, Weltschmerz und den bösen Herbstnebel? Eine Führung durch die Nordhäuser Traditionsbrennerei beginnt mit der Besichtigung der alten Dampfmaschine, weiter geht's zur Gewinnung von Essenzen und zum Brennraum. Zur Führung gehört auch die Besichtigung des großen Fasskellers, bevor Korn und Liqueur gekostet werden dürfen.

Oldtimer-Straßenbahn

Stadtwerke Nordhausen
Robert-Blum-Str. 1
99734 Nordhausen
Tel.: 0 36 31 63 91 02
Fax: 0 36 31/99 21 07
E-Mail:
webmaster@Stadtwerke-Nordhausen-GmbH.de
www.Stadtwerke-Nordhausen-GmbH.de
► Fahrtkosten
Schienen-Bistro,
1 Std. ohne Bewirtung pauschal € 150,–
Oldtimer-Triebwagen 30/50 Personen, pauschal € 100,–

Harzer Schmalspurbahnen GmbH

Friedrichstr. 151
38855 Wernigerode
Tel.: 0 39 43/55 80
Fax: 0 39 43/55 81 48
E-mail: info@hsb-wr.de
www.hsb-wr.de
Die Agentur der HSB befindet sich in dem Tourismus-Informationszentrum in Nordhausen.

Nordhäuser Traditionsbrennerei

Grimmelallee 11
99734 Nordhausen
Tel.: 0 36 31/99 49 70
Fax: 0 36 31/99 21 07
www.traditionsbrennerei.de
► Öffnungszeiten
Mo.–Sa. 10–16 Uhr
Führungen,
10 und 14 Uhr
► Eintritt
Erwachsene € 3,–,
ermäßigt € 2,–,
Schüler € 0,50

Rabensteiner Stollen

Steinkohlen-Besucherbergwerk

Rabensteiner Stollen
99768 Ilfeld-Netzkater
Tel.: 03 63 31/4 81 53
Fax: 03 63 31/4 98 02
E-mail: rabensteiner.
stollen@arcor.de
www.Rabensteiner-
Stollen.de
Öffnungszeiten
Apr.–Okt. tägl.
10–17 Uhr,
Nov.–März tägl.
10– 16 Uhr
Eintritt
Erwachsene € 5,–,
Kinder € 2,80

Wenige Kilometer nördlich von Nordhausen an der B 4 liegt der kleine Ort Ilfeld, an der Schnittstelle der B 4 und B 81 Netzkater, auch erreichbar mit der Harzquerbahn.

Von 1737 bis 1949 wurde im Rabensteiner Stollen Steinkohle gefördert. Das Steinkohlen-Besucherbergwerk zeigt ein intaktes Bergwerk. Unter sachkundiger Führung beginnt eine faszinierende Reise ins Erdinnere. Nach rund einer Stunde geht´s wieder hinauf ans Tageslicht. Auf dem großen Freigelände des Museums befindet sich eine Ausstellung mit Rekonstruktionen historischer Bergwerksanlagen.

Eingang zum Bergwerk

Sondershausen

Schlossmuseum und Erlebnisbergwerk

Tourismusverband Kyffhäuser e. V. Sondershausen-Information

Markt 9
99706 Sondershausen
Tel.: 0 36 32/78 81 11
Fax: 0 36 32/60 03 82
E-mail: Sondershausen-Info@t-online.de
www.kyffhaeuser.de/tourismus

Sondershausen liegt westlich von Bad Frankenhausen an der B 4.

Das Residenzschloss gehört bau- und kunstgeschichtlich zu den bedeutendsten Schlossanlagen Thüringens. Es wurde im 13. Jahrhundert anstelle einer Burg errichtet. Bemerkenswert ist das Achteckhaus. Das Steinzimmer sowie das angrenzende

Römische Zimmer und der Blaue Saal haben ihre ursprüngliche Ausstattung aus dem 18. Jahrhundert bewahrt. Der prachtvolle Riesensaal ist tatsächlich riesengroß. Von atemberaubender Schönheit ist das Gewölbe am Wendelstein. Schlosskapelle und Liebhabertheater vervollkommnen das Bild eines prunkvoll ausgestatteten Schlosses.

Die Geschichte der ältesten befahrbaren Kaligrube der Welt beginnt 1893 und endet 1991. Heute erlebt der Besucher unter Tage ein geführtes Drei-Stunden-Abenteuer. Es beginnt mit dem Einkleiden und Einfahren in den Schacht, es folgt die Fahrt durchs Museum, (freiwilliges) Rutschen auf dem „Arschleder" durch das Salz, die Strecke des Höllenschlunds ist 52 Meter lang, Probefahrt mit der alten Diesellok, Kahnfahren auf einem unterirdischen Salzsee, Besichtigung des Festsaales und des Konzertsaales. Auf Wunsch und nach Voranmeldung werden die Besucher von „Mephisto´s Zeche" mit kulinarischen Genüssen verwöhnt. Unter Tage finden nicht nur Bankette, Hochzeiten und Konzerte statt, für Sportler werden Radtouren, Radrennen und Kristallläufe veranstaltet.

Schloss Sondershausen

Schlossmuseum

99702 Sondershausen
Tel.: 0 36 32/66 31 20
Fax: 0 36 32/66 31 10
E-mail: Schlossmuseum@t-online.de
www.Schlossmuseum.sondershausen.de
▶ Öffnungszeiten
Apr.–Sept. Di.–So.
10–17 Uhr,
Okt.–März Di.–So.
10–16 Uhr
Führungen
10 und 14 Uhr
▶ Eintritt
Erwachsene € 3,–,
Kinder 2,–,
Familienkarte € 7,50

Erlebnisbergwerk Glückauf

Schachtstr. 20
99706 Sondershausen
Tel.: 0 36 32/65 52 80
Fax: 0 36 32/65 52 85
E-mail:
mueller@gses.de
www.erlebnisbergwerk.com
▶ Öffnungszeiten/
Befahrung
nach Voranmeldung
Mo.–Fr. 10, 14, 16 Uhr,
Sa. 10 und 14 Uhr,
So. 11 Uhr
an Revisionstagen ist keine Befahrung möglich
▶ Eintritt
Erwachsene € 18,–
(Sa. und So. € 23,–),
Kinder € 13,–
(Sa. und So. € 18,–)

Alternativer Bärenpark

Alternativer Bärenpark

Duderstädter Str. 36 a
37339 Worbis
Tel.: 03 60 74/9 29 66
Fax: 03 60 74/3 06 65
www.worbis.de/baerenpark
Öffnungszeiten
tägl. 10–19 Uhr,
im Herbst und Winter
bis zum Anbruch der
Dunkelheit geöffnet
Hunde müssen NICHT
draußen bleiben
Eintritt
Erwachsene € 4,50,
ermäßigt € 2,50
Führungen
nach Voranmeldung

Fest

Mitte August findet
das beliebte Indianerfest im Bärenpark
statt

Der kleine Ort Worbis liegt südlich von Duderstadt an dem Schnittpunkt der B 80 und B 247. Hier befindet sich der einzigartige Alternative Bärenpark Deutschlands. Die Bären stammen aus trister Käfighaltung, aus dem Zirkus oder wurden als Tanzbären missbraucht. Hier können die Bären wieder ein tiergerechtes Leben führen. Der

Bärenpark will den Besuchern die Welt der Bären näher bringen, die Tiere leben hier mit Wölfen in einem großen Waldgehege. Innerhalb des Parks gibt es ein Informationszentrum, einen Streichelzoo und einen gastronomischen Betrieb.

Teistungen

Grenzlandmuseum

Der kleine Ort Teistungen liegt zwischen Worbis und Duderstadt an der B 247. Hier befindet sich das Grenzlandmuseum Eichsfeld. Im Hauptgebäude des Informations-und Dokumentationszentrums, dem Zollverwaltungshaus des ehemaligen Grenzübergangs Duderstadt/Worbis, ist eine Ausstellung zur Geschichte der innerdeutschen Teilung und ihrer Sperranlagen und Sicherheitssysteme vom

Ende des Zweiten Weltkriegs bis zur Wiedervereinigung zu sehen. Darüber hinaus dokumentiert die Ausstellung Aspekte des Lebens im Grenzgebiet der ehemaligen DDR. Der Weg zu den Außenanlagen ist Teil eines rund 4,5 Kilometer langen Grenzrundwegs.

Grenzlandmuseum Eichsfeld e. V.

Duderstädter Str. 5 b
37339 Teistungen
Tel.: 03 60 71/9 71 12
Fax: 03 60 71/9 79 98
E-mail: info@grenzlandmuseum.de
www.grenzlandmuseum.de
▶ Öffnungszeiten
Di.–So 10–17 Uhr
▶ Eintritt
Erwachsene € 2,50,
Kinder € 1,50

Heilbad Heiligenstadt

Literaturmuseum und Eisenbahnmuseum

Westlich von Worbis, an der B 80 und an der Leine, liegt das Heilbad Heiligenstadt.

Der Dichter Theodor Storm zog dereinst von Norden in den Süden nach Heiligenstadt, wo er acht Jahre lebte und arbeitete. „Ich glaube, ich werde wieder jung, denn was ich seit Jahren nicht vermochte, ich mache wieder Verse." Das Literaturmuseum zeigt eine Ausstellung zum Leben und Wirken des Dichters. Im Museumsgarten finden jährlich im Juni die Stormtage statt.

Tourist-Information

Wilhelmstr. 50
37308 Heilbad Heiligenstadt
Tel.: 0 36 06/67 71 41/42
Fax: 0 36 06/67 71 40
E-mail: heilbad-heiligenstadt@t-online.de
www.heilbad-heiligenstadt.de

Literaturmuseum „Theodor Storm"

Kasseler Tor 2
37308 Heilbad Heiligenstadt
Tel.: 0 36 06/61 37 94
▶ Öffnungszeiten
Di.– Fr. 9–12 Uhr,
13–16 Uhr,
Sa. und So. 14–16 Uhr
▶ Eintritt
Erwachsene € 0,80,
Kinder € 0,30

Heiligenstädter Eisenbahnverein e. V

Dingelstädter Str. 45
37308 Heilbad Heiligenstadt
Tel.: 0 36 06/61 34 97
E-mail:
hev-ev@gmx.de
www.hev-ev.
freepage.de
Führungen
auf dem Gelände des Ostbahnhofs nach Voranmeldung

FESTE

Jeweils Ende Februar und Ende Okt. findet an einem Tag zwischen 10 und 16 Uhr eine Tauschbörse für Modelleisenbahnen und Automobile im Restaurant des Eichsfelder Kulturhauses (Aegidienstr. 11a) statt. Bahnhoffeste finden jeweils an einem Wochenende Mitte Mai und Ende Sept. auf dem Gelände des Ostbahnhofs statt.

Auf dem Gelände des denkmalgeschützten Ostbahnhofs befindet sich das Museum des Heiligenstädter Eisenbahnvereins. Es ist der letzte Bahnhof mit Gleisen einer ehemaligen preußischen Steilstrecke mit Zahnradbetrieb, die als erste komplett auf Reibungsbetrieb umgestellt wurde. Zur Fahrzeugsammlung gehören eine Dampflokomotive (preußische T 16), eine V 60, V 10, N3 und die Kö 0082 sowie verschiedene Fahrzeuge und Wagen aus den 30er und 40er Jahren des vorigen Jahrhunderts. Ein weiteres Betätigungsfeld des Vereins ist die Modelleisenbahn.

TIPP

Eine Ballonfahrt ist ein ganz besonderes Erlebnis, wenn die Natur aus der Vogelschau betrachtet werden kann.
Ballon Team
Gunther Frobin
Bahnhofstr. 22 B
37308 Heilbad Heiligenstadt
Tel.: 0 36 06/65 71 00
Fax: 0 36 06/65 71 02
E-Mail: info@ballonteam-thueringen.de
www.ballonteam-thueringen.de

Mühlhausen

Altstadt, Müntzer-Gedenkstätte, Bach-Orgel

Die Stadt liegt südöstlich von Heiligenstadt an der Unstrut und an den Bundesstraßen B 247

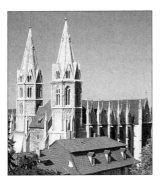

und B 249. Die Lage an wichtigen Handelswegen, eigene Tuchherstellung und Waidanbau ließen Mühlhausen im 13. Jahrhundert aufblühen. Die einst 59 Türme der Kirchen und Wehranlagen brachten Mühlhausen den Beinamen der „turmgeschmückten Stadt" ein. Die 2 750 Meter lange Stadtmauer mit ihrem begehbaren Wehrgang, elf mittelalterlich-gotische Kirchen, das Rathaus mit Halle und Großer Ratsstube, winkelige Gassen und hübsche Plätze bewahren den Eindruck einer bedeutenden mittelalterlichen Stadt.

Weithin sichtbar erhebt sich St. Marien in der Oberstadt, der nach dem Erfurter Dom größten Kirche Thüringens.

In dieser fünfschiffigen Hallenkirche predigte 1525 der radikale Reformator Thomas Müntzer für eine gerechte Welt. Mühlhausen wurde zum Zentrum des Thüringer Bauernkriegs und musste dies nach der Niederlage schwer büßen. Heute befindet sich in St. Marien eine Gedenkstätte für Thomas Müntzer. Das Bauernkriegsmuseum residiert in der Kornmarktkirche von 1300.

Die zweitürmige Divi-Blasii-Kirche aus dem Beginn des 13. Jahrhunderts beeindruckt die Besucher durch ihre barocke Innenausstattung. Hier war der junge Johann Sebastian Bach als Organist angestellt. Noch heute pilgern Musikfreunde hierher, um dem Klang der Bach-Orgel zu lauschen.

Mühlhausen-Information

Ratsstr. 19
99974 Mühlhausen
Tel.: 0 36 01/45 20
Fax: 0 36 01/45 23 16
E-mail: info@muehlhausen.
www.muehlhausen.de

Stadtführungen

ohne Anmeldung
Mai.–Okt. Sa., So. und Feiert. 11 Uhr,
Treffpunkt
Tourist-Information
▶ Kosten
bis 4 Erwachsene
€ 15,–, bis 25 Personen € 25,–

Müntzer-Gedenkstätte

St. Marien
99974 Mühlhausen
Tel. und Fax:
0 36 01/87 00 23
▶ Öffnungszeiten
tägl. 10–17 Uhr
▶ Eintritt
Erwachsene € 2,–,
ermäßigt € 1,50

Bauernkriegsmuseum

Kornmarktkirche
99974 Mühlhausen
Tel. und Fax:
0 36 01/87 00 21
▶ Öffnungszeiten
Ab Febr./März 2003
Di.–So. 10–16.30 Uhr
▶ Eintritt
Erwachsene € 1,50,
ermäßigt € 1,–

Synagoge

Jüdenstr. 24
99974 Mühlhausen
Tel. und Fax:
0 36 01/42 76 40
Öffnungszeiten
Mo.–Fr. 10–16 Uhr
Eintritt
Erwachsene € 1,50,
ermäßigt € 1,–

In der Jüdenstraße, früher Jüdengasse, steht seit 1842 die Synagoge. Aber eine jüdische Gemeinde gibt es in Mühlhausen seit den Schreckensjahren 1933 bis 1945 nicht mehr. Die Synagoge erinnert heute an die Verbrechen der Nazi-Herrschaft und bringt als ein Ort des Lebens und Lernens den Besuchern die jüdische Vergangenheit und Gegenwart näher.

Niederdorla

Opfermoor

Opfermoor Vogtei

Museum und
Freigelände
Schleifweg 8
99986 Niederdorla
Tel. und Fax:
0 36 01/75 60 40
E-mail: info@
opfermoor.de
www.opfermoor.de
Öffnungszeiten
tägl. 10–18 Uhr
Eintritt
Museum: Erwachsene
€ 1,–, ermäßigt € 0,50
Freigelände: Erwachsene und Kinder € 1,–

Wenige Kilometer südlich von Mühlhausen steht zwischen Niederdorla und Oberdorla eine nach der Wende gepflanzte Kaiserlinde, die den Mittelpunkt Deutschlands anzeigt. Von hier sind die Entfernungen nach Kiel und München, nach Dresden und Köln gleich groß.

Beim Torfabbau im Ried zwischen Niederdorla und Oberdorla wurden zwischen 1957 und 1964 Kultstätten aus der Zeit vom 6. Jahrhunderte v. Chr. bis zum 6. Jahrhundert n. Chr. archäologisch untersucht. In den Folgejahren grub man unweit vom Opfermoor eine mehrperiodische Siedlung aus. Die Ausstellung im Museumsgebäude zeigt wichtige Funde aus dem Opfermoor und der Siedlung. Im Freigelände wurden neben charakteristischen Kultstätten verschiedener Perioden auch typische Gebäude aus dem 3. Jahrhundert n. Chr. rekonstruiert.

Rosengarten, Botanischer Garten und Therme

Bad Langensalza, die Kur- und Rosenstadt, liegt nordöstlich von Eisenach an der B 247, unweit des Nationalparks Hainich. Hier werden schon seit langer Zeit Rosen gezüchtet. Der Rosengarten am Klagetor zeigt eine Vielfalt moderner und historischer Rosen sowie Wildrosen.

In unmittelbarer Nähe der Friederiken-Therme und des Kurparks befindet sich der Botanische Garten mit Kneippschen Tretbecken. Hier werden auf einer Fläche von mehr als 14 000 Quadratmetern seltene frostresistente und winterharte Pflanzen aus allen Kontinenten der Erde gezeigt. Mittelpunkt bildet die Ausstellung mit Sukkulenten. Zum Botanischen Garten gehören auch ein Alpiner Garten, Heil- und Gewürzpflanzen, Zwiebelpflanzen, Feuchtwiesen, Waldrandflora, Familienbeete, Kalk-Magerrasen des Nationalparks Hainich sowie eine Bambus- und Graslandschaft.

Information

Amt für Kultur, Sport und Tourismus
Marktstr. 1
99947 Bad Langensalza
Tel.: 0 36 03/85 90
Fax: 0 36 03/85 91 00
E-mail: kulturamt@bad-langensalza-thueringen.de
www.badlangensalza.de

Kurgesellschaft der Stadt Bad Langensalza

Friederikenschlösschen
Kurpromenade 5
99947 Bad Langensalza
Tel.: 0 36 03/83 44 24
Fax: 0 36 03/83 44 21
E-mail: kurgesellschaft@thueringen-kur.de
www.thueringen-kur.de

Rosengarten mit Rosenmuseum

Vor dem Klagetor 3
99947 Bad Langensalza
Tel.: 0 36 03/81 49 34
▶ **Öffnungszeiten**
Mai–Okt.
▶ **Eintritt**
Rosengarten: frei
Rosenmuseum:
Erwachsene € 1,–,
ermäßigt € 0,50

Botanischer Garten	Im Jahr 1811 wurden zufällig Schwefelquellen entdeckt und seit 1999 kommen zwei weitere Heilwässer in der modernen Friederiken-Therme mit Kurmittelabteilung zur Anwendung. Zur Therme gehören neben einem Thermal-Innen- und Außenbecken, Quellbecken und Kaskadenbecken auch eine große Saunalandschaft mit Farblichttherapie. Hinzu kommt ein umfangreiches Wellness-, Entspannungs- und Therapieangebot.
Böhmenstr. 99947 Bad Langensalza Tel.: 0 36 03/89 13 68 Fax: 0 36 03/89 13 69 **Öffnungszeiten** Mai–Okt. 9–20 Uhr **Eintritt frei**	

Bad Langensalza

Nationalpark Hainich

Seit 1998 gibt es den Naturpark Hainich zwischen Bad Langensalza und Creuzburg. Hier befindet sich das größte zusammenhängende Laubwaldgebiet Europas und zugleich die Wasserscheide zwischen Elbe und Weser.

Empfehlenswert ist eine Zwei-Tage-Wanderung auf dem Rennsteig über den Hainich. Die Strecke ist rund 31 Kilometer lang bei mäßigen Steigungen. Am ersten Tag geht´s von Heyerode über die Bruchstellen am Winterstein nach Kammerforst. Sehenswert sind unterwegs der „Steinerne Tisch" (Wartburgblick) und die Nationalparkausstellung „Naturerbe Hainich". Am zweiten Tag führt die Wanderung von der Antoniusherberge über Ihlefeld vorbei an der Eisernen Hand, dem bekannten Wegweiser am Rennsteig bis Behringen.

Friederiken-Therme

Böhmenstr. 5
99947 Bad Langensalza
Tel.: 0 36 03/3 97 60
Fax: 0 36 03/39 76 41
E-mail:
thermalbad@thueringen-kur.de
www.thueringen-kur.de
Öffnungszeiten
Thermalbad: So.–Do. 9–22 Uhr, Fr. und Sa. 9–23 Uhr; Sauna: So.–Do. 10–22 Uhr, Fr. und Sa. 10–23 Uhr
Eintritt
Thermalbad 1,5 Std. € 5,–, 2 Std. € 6,50 (mit Sauna € 10,50), Tageskarte € 12,50 (€ 16,50)

Informationen

Nationalpark Hainich
Bei der Marktkirche 9
99947 Bad Langensalza
Tel.: 0 36 03/39 07 28
Fax: 0 36 03/39 07 20
www.nationalparkhainich.de

Rennsteigverein 1896 e. V.

Wendewehrstr. 70 a
99974 Mühlhausen
Tel.: 0 36 01/44 39 56

Burg Creuzburg und wandern, paddeln, radeln

Wenige Kilometer nördlich von Eisenach an der B 7 liegt Creuzburg. Die gleichnamige Burg entstand um 1170. Hier gebar die Landgräfin von Thüringen 1222 ihren Sohn Hermann und 1227 ihre Tochter Gertrud. Die Landgräfin wurde 1235 heilig gesprochen und ging in die Geschichte als heilige Elisabeth ein. In der Elisabethkemenate ist dieser mildtätigen Frau ein bleibendes Denkmal gesetzt worden. Hier wurde auch Michael Praetorius, dem Schöpfer des Liedes „Es ist ein Ros entsprungen..." eine Gedenkstätte gewidmet. Den Besucher erwartet auf der Creuzburg außerdem ein Kunsthaus mit wechselnden Ausstellungen, ein Folterkeller, Grabungsfunde, Heimatstub`n, ein Burggarten, das Standesamt für romantische Trauungen in der Burg sowie ein Hotel mit Restaurant und Café.

Nördlich von Creuzburg liegt der Schützenplatz, Ausgangs- und Endpunkt des rund 4 Kilometer langen Naturlehrpfads. Der Weg ist gekennzeichnet mit einem kleinen roten Fuchs.

Die Werra bietet sich besonders für schöne Kanufahrten an. Wer mag, mietet sich ein Kanu für ein, zwei Stunden oder macht mit der Familie oder in Gruppen mehrtägige Ausflüge, die kombiniert werden können mit Radtouren und Kutschfahrten.

Tourist-Information

Markt 3
99831 Creuzburg
Tel. und Fax:
03 69 26/9 80 47

Burg Creuzburg

99831 Creuzburg
Tel.: 03 69 26/8 25 33
▶ **Öffnungszeiten**
Apr.–Okt. 10–17 Uhr,
Nov.–März 10–16 Uhr

Der Flussabschnitt zwischen Creuzburg und Mihla führt durch den Werradurchbruch mit 200 Meter hohen Kalkfelsen; verschiedene Touren auch mit Kutschfahrten und Radtouren sind im Angebot von

Krumos` Kanus

Beethovenstr. 1
35606 Solms
Tel.: 0 64 42/9 21 18
Fax: 0 64 42/9 21 19
E-mail: info@krumos-kanus.de
www.krumos-kanus.de

Wo erhalte ich wichtige Informationen?
Wie bin ich auch ohne Auto mobil? In welcher Gegend lässt es sich besonders gut wandern und radwandern? Wir kennen die schönsten Wege und nennen Ihnen die richtige Karte oder das Buch dazu.
Folgen Sie uns auf den interessantesten Ferienstraßen, die durch Thüringen führen. Wir verraten Ihnen, wo Sie echtes Thüringer Porzellan direkt am Ort des Entstehens erwerben können. Und am Schluss haben wir sorgfältig zusammengetragen, wann wo welches schöne Fest gefeiert wird. Und Sie dürfen dabei sein.

Thüringen-Service

Tipps für Touren und Aktivitäten

Tourismus Service Center GmbH

Weimarische Str. 45
99099 Erfurt
Tel.: 03 61/3 74 20
Fax: 03 61/3 74 23 88
E-mail: service@thueringen-tourismus.de
www.thueringentourismus.de

ThüringenCard

Die Karte gewährt 100 Mal freien Eintritt und Ermäßigung für attraktive Freizeitangebote, sie ist gültig für 24 Stunden (€ 12,–), drei aufeinander folgende Tage (€ 28,–) oder für sechs Tage im Jahr (€ 49,–) und ist erhältlich bei allen beteiligten Freizeiteinrichtungen, angeschlossenen Tourist-Informationen und Fremdenverkehrsämtern.
Information:
Tel.: 03 61/37 4 22 02

Tourismusverband Thüringer Kernland e. V.

An der Alten Post 2
99947 Bad Langensalza
Tel.: 0 36 03/89 26 58
Fax: 0 36 03/89 26 73
E-mail: kernland@t-online.de
www.kernland.de

Ohne Auto mobil – der Umwelt zuliebe

Thüringen ist mit einem Netz öffentlicher Verkehrsmittel ausgestattet. In der Regel ist jeder Ort mit Bus oder Bahn erreichbar.

Die Deutsche Bahn bietet verschiedene Tickets für Einheimische und Gäste an, und zwar überall dort, wo Fahrkarten für die DB verkauft werden.

Mit dem Thüringen-Ticket können bis zu fünf Personen oder Eltern oder ein Elternteil mit beliebig vielen eigenen Kindern bis einschließlich 17 Jahre alle Züge des Nahverkehrs (S, RB, IRE), 2. Klasse, benutzen. Der Fahrschein gilt von Mo. bis Fr., 9 bis 3 Uhr des Folgetages und kostet € 21,–.

Auch das Schönes-Wochenende-Ticket gilt für bis zu fünf Personen oder Eltern oder ein Elternteil mit beliebig vielen eigenen Kindern bis einschließlich 17 Jahre. Anerkannt wird es von den Mitgliedsunternehmen und Kooperationspartnern der Verkehrsgemeinschaft Mittelthüringen, bei der Thüringerwaldbahn und Straßenbahn Gotha, bei der Regionalen Verkehrsgemeinschaft Gotha im Stadtverkehr Gotha (Linien 1 bis 4, A bis F) und im Regionalverkehr Gotha (Linien 4 und 810 bis 895), 2. Klasse. Der Fahrschein gilt Sa. oder So. von 6 bis 3 Uhr des Folgetages und kostet € 21,–.

Das Hopper-Ticket Thüringen gilt für eine Hin- und Rückfahrt auf allen Strecken der Deutschen Bahn, 2. Klasse, bis zu 50 Kilometern zwischen Abfahrt- und Ankunftsbahnhof in Thüringen und Sachsen-Anhalt. Das Ticket gilt in den Zügen des Nahverkehrs (RB, RE) sowie IR, EC und IC der DB; EC- und IC-Zuschläge werden tarifmäßig erhoben. Das Hopper-Ticket ist nur am Lösungstag gültig und kostet € 4,-.

Das FamilienFerienTicket Thüringen gilt für bis zu zwei Erwachsene mit bis zu drei Kindern bis 14 Jahre (Mindestteilnehmer zwei). Das Ticket gilt während der Schulferien vom ersten Geltungstag für weitere sechs aufeinanderfolgende Tage bzw. bis zum letzten angegebenen Geltungstag, und zwar Mo. bis Fr. 8.30 bis 24 Uhr sowie Sa., So. und an Feiert. ganztätig. Das Ticket gilt in allen Zügen des Nahverkehrs, 2. Klasse, und kostet € 30,60.

Schifffahrt

Von April bis Oktober fahren Flöße von Kirchhasel und Uhlstädt auf der Saale. Ebenfalls von April bis Oktober können auf der Saale in Rudolstadt, Kirchhasel und Weißen Kanus ausgeliehen werden. Eine besondere Attraktion ist das Durchfahren der Floß- und Bootsgasse im Saalewehr.

■ Uhlstädter Touristische Saaleflößerei
Weinbergstr. 196 c
07407 Uhlstädt
Tel.: 03 67 42/6 23 46
Fax: 03 67 42/6 02 91

Auf dem Stausee der Bleilochtalsperre werden vielfältige Ausflugsfahrten vorgenommen. Besonders beliebt sind die Abendveranstaltungen. Wer lieber selber Hand angelegen möchte, mietet sich ein Boot und erkundet den großen schönen See.

Tourismusverband Thüringer Wald e. V.

Tel.: 0 36 81/3 94 50
Fax: 0 36 81/39 45 11
E-mail: info@thueringer-wald.com
www.thueringer-wald.com

Fremdenverkehrsverband Weimarer Land e. V.

Bahnhofstr. 28
99510 Apolda
Tel. und Fax:
0 36 44/54 06 76
E-mail:
landratsamt.weimarer.land@t-online.de
www.weimarer.land.de

Gebietsausschuss Mittleres Saaletal – Thüringer Holzland

Amt für Wirtschaftsförderung –
Tourismusförderung
Postfach 1310
07602 Eisenberg
Tel.: 03 66 91/7 04 24
Fax: 03 66 91/7 03 98
www.saaleland.de

Saalfeld-Information

Markt 6
07318 Saalfeld
Tel.: 0 36 71/3 39 50
Fax: 0 36 71/52 21 83
E-mail: info@saalfeld-info.de
www.saalfeld-info.de

Regionaler Fremdenverkehrsverband Saaleland e. V.

Postfach 100 519
99005 Erfurt
Tel.: 03 61/3 74 22 03
Fax: 03 61/3 74 22 99

Fremdenverkehrsverband Thüringer Schiefergebirge/ Obere Saale e. V.

Postfach 111
07352 Lobenstein
Tel.: 03 66 51/23 39
Fax: 03 66 51/22 69
e-mail: info.ts-os@t-online.de
www.thueringer-schiefergebirge-obere-saale.de

Tourismusverband Ostthüringen e. V.

Böttchergasse 11
07545 Gera
Tel.: 03 65/8 31 01 26
Fax: 03 65/2 90 02 51
e-mail: Tour-Ost@t-online.de
www.tourismus-ost-thueringen.de

Tourismusverband Kyffhäuser e. V.

Region Nordthüringen
Anger 14
06567 Bad Frankenhausen
Tel.: 03 46 71/71 70
Fax: 03 46 71/7 17 19
E-mail: Kyffhaeuser-info@t-online.de
www.kyffhaeuser.de/tourismus

■ Fahrgastschifffahrt Saalburg

Am Torbogen 1
07929 Saalburg
Tel.: 03 66 47/2 22 50
Fax: 03 66 47/2 39 67
www.saalburg.de
Rundfahrten
Erwachsene 1 Std. € 7,-, Kinder € 3,50,
2 Std. € 11,-/ € 6,-, Abendfahrten € 18,-/€ 9,-

■ Boots- und Fahrradverleih

Saalesport GmbH
Am Strandbad 1
07929 Saalburg
Tel.: 03 66 47/2 24 07

Einstündige Rundfahrten, Kaffeefahrten:

■ Fahrgastschifffahrt Hohenwarte GmbH

Sperrmauer
07338 Hohenwarte
Tel.: 03 67 33/2 15 28
Fax: 03 67 33/3 19 73
www.fahrgastschifffahrt-hohenwarte.de

Wandern und radwandern

Wandern über weite Höhen und durch romantische Täler, entlang quirliger Flüsschen und durch stille Wälder gehört zu den beliebtesten Freizeitvergnügen für Jung und Alt. Thüringen wartet mit dem wohl bekanntesten Wanderweg, dem Rennsteig, auf, aber überall lässt sich in Thüringen auf Schusters Rappen oder mit dem Fahrrad Unbekanntes, Schönes und Interessantes entdecken.

Die folgenden Tourenvorschläge sollen Lust machen, Thüringen auf die wohl schönste Art zu entdecken und dabei Ruhe und Entspannung zu finden.

Eine Drei-Tages-Wanderung führt von Wandersleben im Gebiet des Burgenensembles Drei Gleichen über Mühlberg, Haarhausen nach Arnstadt.

Eine leichte bis mittelschwere Tageswanderung über 27 Kilometer führt von Stadtilm über Paulinzella und Singen zurück nach Stadtilm. Sehenswert ist die kleinste noch produzierende Museumsbrauerei Schmitt in Singen.

Die Fünf-Stunden-Wanderung „An Goethes Kurgemach" führt von Klein-Ballhausen über Bad Tennstedt nach Bruchstedt und Haussömmern. Zurück führt der Weg über Bad Tennstedt nach Klein-Ballhausen.

Eine Vier-Tages-Wanderung beginnt an der Thüringer Pforte bei Heldrungen und endet in Bad Sulza oder Bad Kösen.

Nützliche und übersichtliche Broschüren mit Wander- und Radwandervorschlägen sind erhältlich bei
Tourismusverband Thüringer Kernland e. V.
An der Alten Post 2
99947 Bad Langensalza
Tel.: 0 36 03/89 26 58
Fax: 0 36 03/89 26 73
E-mail: kernland@t-online.de
www.kernland.de

Information
Naturpark Eichsfeld-Hainich-Werratal
Dorfstr. 19
37318 Fürstenhagen
Tel.: 03 60 83/46 63
Fax: 03 60 83/4 66 31
E-mail:naturpark-ehw@t-online.de

Verlag **grünes herz**
Postfach 100564
98684 Illmenau
Tel.: 0 36 77/6 30 25
Fax: 0 36 77/6 30 40
www.gruenes-herz.de

Seit 2000 gibt es den neuen Rennsteig-Radwanderweg. Der Rennsteig-Radwanderführer erscheint im Verlag „grünes herz".

Alle Karten und Führer sind im Buchhandel erhältlich

Wer auf den Spuren von Kaiser Rotbart wandeln möchte, braucht dafür drei bis vier Tage oder erwandert nur einen Teil des Barbarossawegs. Die Wanderung führt von Rondell Keula bis zum Kyffhäuserdenkmal.

Von Weimar führt ein ausgeschilderter Goethe-Wanderweg über Blankenhain gen Süden. Der Napoleon-Wanderweg geht von Apolda über Kapellendorf wieder zurück und von Bad Sulza über Auerstedt und zurück. Von Heiligenstadt geht in fünf Tagen eine schöne Wanderung durch den Naturpark Eichsfeld-Hainich-Werratal.

Der Saale-Radweg ist gekennzeichnet mit einem Radfahrer vor einem blauen Querbalken. Der Radwanderweg ist rund 420 Kilometer lang.

Der über 100 Kilometer lange Ilm-Radwanderweg führt über ausgebaute Wald-, Wiesen und Feldwege und ruhige Landstraßen durchs Weimarer Land. Der Fernradweg Werratal führt von Dankmarshausen über Eisenach und Creuzburg nach Treffurt. Wer auf den Spuren von Lyonel Feiniger wandeln möchte, erkundet per Rad das Weimarer Land; die Wege sind ausgeschildert.

Entlang der Wander- und Radwanderwege laden Gasthäuser, Gasthöfe und Restaurants zum Verweilen ein.

TIPP FÜR REITER

Wer durch Ostthüringen reiten möchte, wer dort Reiterferien verbringen möchte, erhält eine entsprechende Karte und weitere Informationen beim Tourismusverband Ostthüringen.
Tourismusverband Ostthüringen e. V.
Böttchergasse 11
07545 Gera
Tel.: 03 65/8 31 01 26
Fax: 03 65/ 2 90 02 51

Thüringen im Winter

Im Thüringer Wald mit seinen hohen Bergen Großer Beerberg (982 Meter), Schneekopf (978 Meter) und Großer Inselsberg (916 Meter) lässt es sich nicht nur hervorragend skilaufen, langlaufen (300 Kilometer Loipen) und Skiwandern (1 800 Kilometer), in zahlreichen Orten gibt es Eislaufflächen. Familien mit Kindern finden in fast allen Orten präparierte Rodelhänge. Wer´s gemütlicher liebt, geht spazieren oder genießt die schneebedeckte Landschaft von einer Pferdekutsche aus.

■ **Information**
Verband für Seilbahnen und Schlepplifte in Thüringen e. V.
Tel.: 03 68 70/5 33 98
Tel.: 03 61/3 74 30
Schneetelefon
Tel.: 0 68 70/5 33 99

Ferien auf dem Land

Ferien mit und ohne Kindern auf Bauernhöfen oder Reiterhöfen gelten als besonderes naturverbundenes Urlaubsvergnügen. In Thüringen gibt es eine große Zahl an Angeboten und bei der Landesarbeitsgemeinschaft ist eine umfangreiche Broschüre mit allen Bauern- und Reiterhöfen, Ferienwohnungen und gemütlichen Zimmern auf dem Lande erhältlich.

■ **Landesarbeitsgemeinschaft Ferien auf dem Lande in Thüringen e. V.**
Arndtstr. 1
99096 Erfurt
Tel.: 03 61/26 25 32 30
Fax: 03 61/26 25 32 25
E-mail:
fadl@tbv-erfurt.de
www.thueringen.de/fadl

Ferienstraßen

Durch Thüringen führen viele malerische Ferienstraßen, die immer einen Ausflug lohnen.

■ Deutsche Alleenstraße
Sie führt unter anderem von Bad Langensalza über Rudolstadt, Saalfeld, Ziegenrück und Dresden, weiter nach Torgau und Dessau.

■ Deutsche Fachwerkstraße
Die Deutsche Fachwerkstraße wurde in acht Routen unterteilt. Eine führt von Schmalkalden über Mühlhausen nach Stolberg.

■ Straße der Romanik
Die Südroute der Straße führt teilweise durch Thüringen, von Tilleda nach Eckartsberga.

■ Weinstraße Saale-Unstrut
Seit mehr als 1000 Jahren wird in den geschützten Tälern von Saale und Unstrut Wein angebaut. Ein Teil der kleinen Straße führt von Bad Sulza nach Bad Kösen.

■ Bier- und Burgenstraße
Rechts und links der B 85 führt diese Ferienstraße von Bad Frankenhausen über Weimar, Rudolstadt, Ludwigsstadt bis nach Passau.

■ Thüringisch-Fränkische Schieferstraße
Die Straße führt von Steinach über Ludwigsstadt nach Leutenberg und Lehesten bis Grumbach am berühmten Wanderweg Rennsteig.

■ Klassikerstraße Thüringen
Sie schlängelt sich rund 300 Kilometer von einer Klassikerstadt zur nächsten. Sie führt von Eisenach über Gotha, Erfurt, Weimar, Jena, Rudolstadt, Ilmenau nach Meiningen an der Werra.

■ Goethestraße

Die rund 400 Kilometer lange Straße beginnt in Frankfurt am Main, wo Goethe geboren wurde. Sie geht weiter über Eisenach nach Erfurt, Weimar, Bad Berka, Naumburg und Weißenfels bis Leipzig.

■ Reußische Fürstenstraße

Bis zum Ersten Weltkrieg gab es die souveränen Fürstentümer Reuß jüngere Linie und Reuß ältere Linie. 1918 vereinigten sich die Fürstentümer zum Volksstaat Reuß. Zwei Jahre später ging Reuß mit anderen Fürstentümern im Land Thüringen auf. Die Ferienstraße führt von Bad Köstritz über Gera, Greiz, Schleiz und Ebersdorf nach Hirschberg in Bayern.

■ Deutsche Spielzeugstraße

Diese Ferienstraße führt auch durch den Thüringer Wald und passiert Lauscha und Sonneberg.

■ Thüringer Porzellanstraße

Vor rund 250 Jahren lüfteten drei findige Männer auch in Thüringen das Geheimnis des „Weißen Goldes". In Sitzendorf wurde der Grundstock für die Thüringer Porzellanherstellung gelegt. Die Straße führt von Plaue über Ilmenau, Eisfeld, Rudolstadt, Blankenhain, Kahla, Reichenbach und Saalfeld nach Lichte.

Ein Prospekt informiert über die Thüringer Porzellanmanufakturen, die besichtigt werden können und in denen auch eingekauft werden kann.

■ **Thüringer Porzellanstraße**
Schlossstr. 23
07318 Sitzendorf
Tel.: 0 36 71/82 34 55
Fax: 0 36 71/82 34 39
www.thueringerporzellanstrasse.de

Veranstaltungskalender

Mit großer Sorgfalt ist dieser Veranstaltungskalender erstellt worden. Nicht jedes örtliche Fest und nicht jedes lokale Sportereignis konnten Erwähnung finden. Ebenso nicht die Weihnachtsmärkte, die in jedem Ort stattfinden. Nicht jede Veranstaltung war zur Zeit der Drucklegung dieses Buches schon terminiert. Programm- und Terminänderungen können nicht ausgeschlossen werden.

Nähere Einzelheiten teilen gern die Tourist-Information oder die Gemeinden mit, deren Adressen sich im Buch befinden.

JANUAR

Eisenach-Arnstadt-Oberhof
- Rodelblitz auf Tour, Ende Jan. bis Anfang März (Dampflokfahrten)

Neuhaus am Rennweg
- Internationales Hundeschlittenrennen, Ende Jan., 1 Wochenende

FEBRUAR

Kölleda
- Taubenmarkt, im Febr., jeden Sa.

Weißensee
- Steinschleuderschießen mit brennender Kugel auf Burg Runneburg, Anfang. Febr., 1 Tag

MÄRZ

Thüringen
- Thüringer Bachwochen, Konzerte in Arnstadt, Eisenach, Mühlhausen, Erfurt, Weimar, Gotha, Ohrdruf, Anfang März bis Mitte April.

Gera
- Schwarzbiernacht, im März

Eisenach
- Sommergewinn, Anfang März

Kölleda
- Wippertusfest, ab Himmelfahrt

■ Ostereiermarkt auf der Wartburg, Ende März/Anfang April	**Eisenach**
■ Bachwochen, März/April	**Mühlhausen**
■ Arnstädter-Bachtage, im März	**Arnstadt**
■ Frühlingsfest, Ende März bis Anfang April, 1 Woche	**Arnstadt**

APRIL

■ Ostereiersuche im Tierpark, Ostersonntag	**Eisenberg**
■ Frühlingsfest mit Jungweinprobe, Ende April, 4 Tage	**Bad Sulza**
■ Dampflokfest, Ende April, 1 Wochenende	**Arnstadt**
■ Internationale Jazztage, Mitte April, 5 Tage	**Ilmenau**
■ St.-Georgsfest, Wochenende nach dem 23. April	**Georgenthal**
■ Geraer Ballett-Tage, Ende April/Anfang Mai	**Gera**

MAI

■ ADAC-Oldtimerfahrt Hessen-Thüringen mit City Classic Grand Prix, 2. Mai-Wochenende, www.oldtimerfahrt.de	**Thüringen**
■ GutsMuths-Rennsteiglauf, Ende Mai	**Thüringer Wald**
■ Rasselbockfest, um den 1. Mai	**Sitzendorf**
■ Residenzfest auf Schloss Sondershausen, im Mai	**Sondershausen**
■ Altenburger Skatbrunnenfest, Anfang Mai, 1 Wochenende	**Altenburg**
■ Bornfest, 2. Mai-Wochenende	**Apolda**
■ Mittelalterspektakel am Hohen Schwarm, Himmelfahrt bis So.	**Saalfeld**

Heilbad Heiligenstadt	■ Bahnhoffest auf dem Gelände des Ostbahnhofs, Mitte Mai, 1 Wochenende
Zeulenroda	■ Karpfenpfeiferfest, Mitte Mai, 3 Tage
Eisenach	■ Hansjörgfest, Mitte Mai, 1 Wochenende
Creuzburg	■ Naturparktage Creuzburg, Ende Mai, Fr.–So.
Rudolstadt	■ Altstadtfest, Ende Mai, Fr.–So.
Uhlstädt	■ Uhlstädter Flößerfest zu Pfingsten, alle 2 Jahre (ungerade Jahreszahl)
Creuzburg	■ Mittelalterfest auf der Burg Creuzburg, Pfingsten
Worbis	■ Krengeljägerfest, Ende Mai, 3 Tage
Weißensee	■ Bierfest, Ende Mai
Heringen	■ Mittelalterspectaculum am Schloss, Ende Mai, 1 Wochenende
Apolda	■ Oldtimer-Schlosstreffen, Ende Mai, 1 Wochenende
Ilmenau	■ Ilmenauer Stadtfest, Ende Mai/Anfang Juni

JUNI

Neustadt an der Orla	■ Brunnenfest Bornquas, im Juni
Weida	■ Osterburgfest, im Juni
Nordhausen	■ Stadtfest, im Juni
Mühlhausen	■ Brunnenfest, im Juni
Apolda	■ Apoldaer Park- und Heimatfest, Anfang Juni, 9 Tage

■ Kultursommer im Altenburger Schloss, Anfang Juni bis Anfang Sept.	**Altenburg**
■ Brunnenfest mit Festumzug, Anfang Juni, 3 Tage	**Bad Berka**
■ Rolandsfest, Anfang Juni, 3 Tage	**Nordhausen**
■ Sommertheater auf der Wartburg, Mitte Juni, 3 Tage	**Eisenach**
■ Rosenfest, im Juni	**Pößnitz**
■ Stormtage, im Juni	**Heilbad Heiligenstadt**
■ Marktschreiertage, Mitte Juni, Do.–So.	**Saalfeld**
■ Teufelsbrückenfest, Mitte Juni, Sa.–So.	**Saalfeld**
■ Krämerbrückenfest, Mitte Juni, 3 Tage	**Erfurt**
■ Fröbelkinderfest, Mitte Juni, 1 Tag	**Bad Blankenburg**
■ Mittelpunktfest, Mitte Juni, 1 Wochenende	**Niederdorla**
■ Park- und Schlossfest, 3. Juni-Wochenende	**Greiz**
■ Literaturtage auf Burg Ranis, Mitte bis Ende Juni	**Ranis**
■ Rosen- und Parkfest, Ende Juni	**Bad Langensalza**
■ Altenburger Musikfestival, Ende Juni bis Anfang Juli	**Altenburg**
■ Altenburger Park- und Teichfest, Ende Juni bis Ende Juli	**Altenburg**
■ Sommernachtsfest am Saalestrand, Ende Juni, 3 Tage	**Saalburg**
■ Truckerfest, Ende Juni	**Nordhausen**
■ Töpfermarkt, Ende Juni, 3 Tage	**Bürgel**

Oberhof	■ Blütenfest im Oberhofer Rennsteiggarten, Ende Juni, 1 Wochenende
Ilfeld	■ Schützen- und Heimatfest, Ende Juni, 3 Tage
Schwarzburg	■ Theatersommer auf Schloss Schwarzburg, Ende Juni bis Ende Juli, jeweils Do.–So.
Sondershausen	■ Bergmanns- und Familienfest, Ende Juni
Schwarzburg	■ Goldwaschen in der Schwarza, an verschiedenen Tagen, von Juni bis Sept.
Freyburg	■ Montalbana – Tage mittelalterlicher Musik, Ende Juni, 3 Tage

JULI

Tilleda	■ Mittelalterfest in der Königspfalz, im Juli
Rudolstadt	■ Rudolstädter Tanz & FolkFest, Anfang Juli, Fr.–So.
Sonneberg	■ Sonneberger Vogelschießen, Anfang bis Mitte Juli, 9 Tage
Bad Sulza	■ Salz- und Quellenfest, Anfang Juli, 1 Wochenende
Schleusingen	■ Museumsfest im Burghof von Schloss Bertholdsburg, am letzten Sa. der Thüringer Sommerferien
Friedrichroda	■ Internationales Bettenrennen, Anfang Juli, 3 Tage
Bad Langensalza	■ Ablassfest in Thamsbrück, Anfang Juli, 4 Tage
Lehesten	■ Bergmannsfest, Anfang Juli
Bad Frankenhausen	■ Kyffhäuser Sommertage – das Kultur-Event am Kyffhäuserdenkmal, Mitte Juli, Fr.–So.
Erfurt	■ Das mdr-Gartenfest auf der ega, Mitte Juli

■ Schauenforstfest in Rödelwitz, Mitte Juli	**Uhlstädt**
■ Country-Festival am Ratscher Bergsee, Ende Juli 3 Tage	**Schleusingen**
■ Glasmacher- und Mondstürenfest, Ende Juli, 3 Tage	**Lauscha**
■ Reit-, Spring- und Fahrturnier, Ende Juli, 1 Wochenende	**Bad Langensalza**
■ Strandfest am Strandbad, Ende Juli, Fr.–So.	**Saalburg**
■ Schwarzmarkt, Ende Juli, 1 Wochenende	**Bad Köstritz**
■ Mittelalterspektakel auf der Runneburg, 4. Juli-Wochenende	**Weißensee**
■ Köhler- und Schwämmklopferfest, Ende Juli, 1 Wochenende	**Neustadt am Rennsteig**
■ Töpfermarkt und Hütesfest, Ende Juli, 3 Tage	**Meiningen**
■ Porzellanmarkt, Ende Juli, 1 Wochenende	**Rudolstadt und Lichte**

AUGUST

■ Tiergartenfest, im Aug.	**Eisenberg**
■ Winkelfest, 1. Wochenende im Aug.	**Ranis**
■ Lobensteiner Marktfest, im August	**Lobenstein**
■ Weltglockengeläut, Anfang Aug.	**Apolda**
■ Promenadenfest, Anfang Aug., 1 Wochenende	**Ziegenrück**
■ Sonne, Mond und Sterne-Party, Anfang Aug., Fr.–So.	**Saalburg**
■ Schlossfest, Mitte Aug., 1 Wochenende	**Altenburg**
■ Grillfest am Kaminzuggrill, im Aug.	**Georgenthal**

Pößneck	■ Brauereifest der Rosenbrauerei, Anfang Aug., 1 Tag
Weimar	■ Töpfermarkt, Mitte Aug., 1 Wochenende
Bad Blankenburg	■ Lavendelfest, Anfang Aug., 1 Wochenende
Worbis	■ Indianerfest im Alternativen Bärenpark, Mitte Aug.
Weißensee	■ Wasserfest am Gondelteich, Mitte Aug., 1 Wochenende
Burgk	■ Mittelalterliches Burg(k)-Spektakel auf Schloss Burgk, Mitte Aug.
Erfurt	■ Erfurter Domstufenfestspiele, Mitte bis Ende Aug.
Lobenstein	■ Lobensteiner Marktfest, 3. Aug.-Wochenende
Schmalkalden	■ Stadtfest, Ende Aug., 5 Tage
Schleusingen	■ Rock-Tage am Bergsee Ratscher, Ende Aug., 3 Tage
Saalfeld	■ Detscherfest, Ende Aug.
Haselbach	■ Westerntag auf der Kohlebahn, 3. Aug.-Wochenende
Bad Sulza	■ Weinfest mit Krönung der Thüringer Weinprinzessin, 3. Aug.-Wochenende
Ruhla	■ Alexanderturmfest, Ende Aug., 1 Wochenende
Mühlhausen	■ Stadtkirmes, letztes Aug.-Wochenende
Weißensee	■ Wasserfest, Ende Aug., 1 Wochenende
Meiningen	■ Meininger Dampfloktage, Ende Aug./Anfang Sept., 1 Wochenende

■ Weinfest „Auf einen Schoppen bei Goethe", Ende Aug./Anfang Sept.	**Weimar**
	SEPTEMBER
■ Märchen- und Sagenfest auf Thüringens Schlössern und Burgen, im Herbst	**Thüringen**
■ Köstritzer Dahlienfest, 1. Sept.-Wochenende	**Bad Köstritz**
■ Weidscher Kuchenmarkt, 1. Sept.-Wochenende	**Weida**
■ Erfurter Kirchenmusiktage, Anfang bis Mitte Sept.	**Erfurt**
■ Heiligenstädter Möhrenkönige, Anfang Sept., 1 Wochenende	**Heilbad Heiligenstadt**
■ Sängerwettstreit auf der Wartburg, Anfang Sept., 3 Tage	**Eisenach**
■ Weinbergfest mit Buttenrennen, Anfang Sept., 1 Wochenende	**Bad Sulza**
■ Michael-Praetorius-Musiktage, 1. Sept.-Wochenende	**Creuzburg**
■ Apoldaer Kabarett-Tage, Mitte bis Ende Sept.	**Apolda**
■ Zwiebelmarkt und Bockbieranstich, Ende Sept., 3 Tage	**Apolda**
■ Folk-Weekend, im Sept.	**Mühlhausen**
■ Thüringische Orgelakademie, Anfang Sept., 5 Tage	**Altenburg**
■ Tierparkfest, 3. Sept.-Wochenende	**Gera**
■ Höhlerfest, Ende Sept., 1 Wochenende	**Gera**
■ Bahnhoffest auf dem Gelände des Ostbahnhofs, Ende Sept., 1 Wochenende	**Heilbad Heiligenstadt**
■ Schwarzburger Traditionskirmes, Ende Sept., 1 Wochenende	**Schwarzburg**

Oktober

Bad Köstritz	■ Heinrich-Schütz-Tage, Anfang Okt., 6 Tage
Sitzendorf	■ Lawerworschtkongress, Wochenende um den 3. Okt.
Gotha	■ Herbstmarkt und Metallgestaltertreffen, Anfang Okt., 3 Tage
Burgk	■ Herbstfest auf Schloss Burgk, Anfang Okt. So.
Altenburg	■ Altenburger Stadtfest, Anfang Okt., 1 Wochenende
Weimar	■ Weimarer Zwiebelmarkt, Mitte Okt., 3 Tage

November

Saalfeld	■ Saalfelder Jazztage, Anfang Nov., 10 Tage
Bad Sulza	■ Bad Sulzaer Musiktage, Anfang bis Mitte Nov., 9 Tage
Gera	■ Märchenmarkt, Ende Nov. bis Ende Dez.

Dezember

Lauscha	■ Dampflokfahrten „Funkenflug und Kugeln aus Glas", Dez.
Pößneck	■ Lichterfest am 24. Dezember

Veranstaltungstipps auch unter

www.thueringen-tourismus.de

www.mitteldeutsche-barockmusik.de

www.staendige-konferenz-MBM.de

www.mitteldeutsche-schlosskonzerte.de

www.weimar-klassik.de

Bildnachweis

Altenburger Destillerie 161
Alternativer Bärenpark,
 Worbis 180
Apolda, Tourist-Information 165 u.
Bad Langensalza, Amt für Kultur,
 Sport und Tourismus 185
Badehaus Masserberg 98
Badewelt Waikiki, Zeulenroda 149
Bahnbetriebswerk Arnstadt 109
Dampflokwerk Meiningen 93
Deutsches Spielzeugmuseum,
 Sonneberg 100
Dolmar-Tourist-Information,
 Kühndorf 88
Eisenach, Tourismus Eisenach
 GmbH 13–19
Eisenberg-Information 164
Erfurt, Tourismus Gesellschaft
 Erfurt 31, 37, 39, 41
Erlebnis Bergwerk Merkers 71
Erlebnispark Meeresaquarium,
 Zella-Mehlis 80
Fahrgastschifffahrt Hohenwarte
 GmbH 138 o.
Farbglashütte Lauscha GmbH 101
Friedrich-Fröbel-Museum,
 Bad Blankenburg 128
Gartenzwerg-Museum,
 Gräfenroda 107
Gedenkstätte Buchenwald
 (Jürgen Maria Pietsch) 56
Gera Tourismus e. V. 157
Gotha-Information 24-27
Harzer Schmalspurbahnen
 GmbH 176
Hennebergisches Museum,
 Kloster Veßra 95
Jena, Tourist-Information 59, 61
 (H. Winter)
Lindenau-Museum, Altenburg 159
Märchenhöhle, Walldorf 73
Meyenburg-Museum,
 Nordhausen 175
Museum für Glaskunst,
 Lauscha 102
Neue Hütte, Technisches Denkmal, Schmalkalden 75
Neustadt an der Orla,
 Stadtverwaltung 147
Ohrdruf, Kultur und Tourismus 112
Opfermoor Vogtei, Niederdorla 184
Pößneck, Fremdenverkehrsamt
 (U/M. Jeziorowsky) 146
Rabensteiner Stollen, Ilfeld 178
Saalfelder Feengrotten und
 Tourismus GmbH 133, 135
Schleizer Dreieck 140
Schloss Bertholdsburg,
 Schleusingen 99
Schlossmuseum Arnstadt 108
Schloss- und Spielkartenmuseum,
 Altenburg 158
Schmalkalden,
 Tourist-Information 76
Sommerrodelbahn, Ernstthal 103
Stadtilm,
 Fremdenverkehrsverein 119
Suhl, Tourist Information 86
Thüringer Eisenbahnverein e. V.,
 Erfurt 53
Thüringer Tourismus GmbH,
 Erfurt 22 (B. Neumann),
 29 (B. Neumann),
 30, 35 (B. Neumann),
 43, 60 (P. Brix),
 64 (P. Brix),
 66/67, 68 (B. Neumann),
 70, 74 (P. Brix),
 81 (P. Brix),
 82, 89, 90 (E. Bautzer),
 91 (E. Bautzer), 105, 110,
 114/115, 118, 120, 121, 122
 (E. Bautzer), 126 (E. Bautzer),
 127, 131, 138 u., 142, 144,
 150/151, 154 (F. Schenke),
 156 (S. Schädlich),
 165 o. (P. Brix), 171 (P. Brix),
 172 (B. Neumann),
 179 (E. Bautzer),
 185, 187 (B. Neumann),
 188/189 (B. Neumann),
 193 (B. Neumann)
Thüringerwaldbahn und Straßenbahn Gotha GmbH 28
Thüringer Weihnachtsmarkt,
 Zella-Mehlis 78
Trützschler´s Milch- und Reklamemuseum, Hildburghausen 96
Professor Werner Tübke,
 Leipzig 174
Unterweißbacher Werkstätten für
 Porzellankunst 125
Volkskundemuseum Thüringer
 Bauernhäuser, Rudolstadt 130
Waffenmuseum Suhl 84
Weimar, Tourist-Information
 10/11, 46, 47, 49, 51, 52, 55
Weimar Haus 48
Stefan Wiener 21
Mowi-World, Wiehe 169
Ziegenrück, Stadtverwaltung 143
Zwergen-Park, Trusetal 77

Noch mehr Freizeit & Spaß

Auf ein schier unerschöpfliches Angebot für die Freizeit außerhalb Thüringens weisen die anderen Bücher der Serie hin.

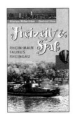

Freizeit & Spaß Rhein-Main

Kristiane Müller-Urban
Eberhard Urban
208 Seiten, zahlr. Abb., Broschur,
€ 12,80

Freizeit & Spaß Wiesbaden / Mainz

Kristiane Müller-Urban
Eberhard Urban
208 Seiten, Broschur,
€ 10,–

Freizeit & Spaß Taunus / Wetterau

Kristiane Müller-Urban
Eberhard Urban
192 Seiten, Broschur,
€ 10,–

Freizeit & Spaß Frankfurt am Main

Kristiane Müller-Urban
Eberhard Urban
192 Seiten, Broschur,
€ 10,–

Freizeit & Spaß Darmstadt / Offenbach

Kristiane Müller-Urban
Eberhard Urban
224 Seiten, Broschur,
€ 10,–